④ マネジメント基本全集
The Basics of Management

戦略提携 Alliance
アライアンス

グループ経営と連携戦略

松崎 和久 編著

学文社

執筆者紹介（執筆順，現職・執筆担当・主要著書）

高井　透（たかい　とおる）　日本大学商学部教授　　第1・2・8・9・10章担当
「コンテクスト転換と新規事業創造」『オフィス・オートメーション』Vol. 26, 2006年
『国際経営論』（共著）学文社，2005年
『Meso-Organizations and the Creation of Knowledge』（編著）Praeger, 2004年

佐藤　耕紀（さとう　こうき）　防衛大学校公共政策学科助教授　　第5・6章担当
『情報共有と組織力の向上：IT活用能力と組織学習』（共著）機械振興協会経済研究所，2005年
『ビジョナリー・コーポレートブランド』（共著）白桃書房，2003年
『環境経営』（共著）同友館，2000年

松崎　和久（まつざき　かずひさ）　高千穂大学経営学部教授　　第3・4・7・11・12・13章担当および編者
『トライアド経営の論理』同文舘，2005年
『日本企業のグループ経営と学習』（編著）同文舘，2004年
『経営学の多角的視座』（編著）創成社，2002年

はしがき

　近年，連結経営やグループ経営がクローズアップされている．日立製作所を中心とする日立グループでは，国内のグループ各社が一致団結して総合力を武器に厳しい競争に挑んでいる．また，松下電器産業やHOYAのような多国籍企業では，"グローバル・グループ経営"を指標に掲げ，世界連結のマネジメントを展開している．

　こうした企業内を連結しつつ全体最適経営を目指す動きと共に，今日の企業では企業間で協力したり，あるいは積極的に外部資源を活用する取り組みもまた活発化している．たとえば，昨今，インターネット企業を中心に敵対的買収やM&A戦略を通じた企業規模の拡大は，まさにこれを象徴する出来事である．

　21世紀の企業間競争は，グループ経営の能力と戦略提携の有効活用が競争優位の条件として重要な課題であり，本書のテーマもまさしく「グループ経営と連携戦略」に注目し，その基本的な知識について詳しく触れている．

　ここで本書の内容について触れてみよう．本書は，「グループ経営」「グループ・ネットワーク」「戦略提携とは何か」「戦略提携の発展」という4つの大きな柱から構成されている．

　「グループ経営」は，内部ネットワーク（Internal Network）とも呼ばれる多種多様な事業や子会社または関連会社群を有機的に結合するグループ経営の構造や形成に注目する．第1章「グループ経営の構造」では，グループ経営を巡る基本的な問題から，昨今の日本企業のグループ経営モデルについて議論している．第2章「グローバル・グループ経営」では，国際レベルにおけるグループ経営を考える．とりわけ，グループを構成する海外子会社の組織能力に焦点をあて検討する．第3章の「グループ経営と競争優位」では，グループ経営のメリット，グループシナジーやリストラクチャリングについて議論している．第4章「グループ経営の国際比較」では，日本企業と米国企業におけるグループ経営を比較し，それぞれの特徴とその背景を浮き彫りにする．

続いて「グループ・ネットワーク」は，主にグループを統合するメカニズムや機能について検討する．第5章「グループ価値とガバナンス」では，コーポレートブランドというグループ価値を高める意義や目的を明らかにしつつ，コーポレート・ガバナンスのしくみについて議論する．第6章「グループ・ネットワークの強化」では，グループ内部の結びつきや信頼関係を強化するのみならず，その求心力として働くカギとして，ソーシャル・キャピタルの重要性について検討する．第7章「グループシナジーと本社戦略」では，組織上，グループ経営の中心として機能するグループ本社の役割と戦略スタイルについて議論する．

「戦略提携とは何か」は，多角化企業の内部ネットワークに関する検討から，外部ネットワーク（External Network）ともよばれる顧客，ライバル企業，サプライヤー，大学等を利用したり，あるいはテコにしながら競争優位性を構築するアライアンスについて論じる．第8章「戦略提携」では，昨今における提携数の増加を踏まえながら，戦略提携のタイプや特徴そして効果について検討する．第9章「知識統合と競争優位性」では，戦略提携の主要な目的である知識の獲得に注目しながら，知識の創造と活用そして組み合わせのしくみについて検証する．知識の創造や活用を図るうえで重要な問題とは，提携パートナーからの学習である．そこで，第10章「学習提携」では，組織学習のタイプやプロセスに加え，組織間学習のマネジメントを明らかにする．

「戦略提携の発展」では，競争と協力の同時性，合併買収，規格標準を巡る競争など，近年の戦略提携について検討する．第11章「協争戦略」では，競争と協力を同時に達成する協争戦略について詳しく説明する．また，ゲーム理論と関係資本についてもあわせて検討する．第12章「M&A戦略」では，近年拡大の一途を辿るM&A戦略について説明する．ここでは，M&Aの背景や形態，目的，効果を一つひとつ検証し，友好的買収と敵対的買収について検討する．また，買収後の経営統合の問題や株主権限にも触れる．第13章「デファクト・スタンダード競争」では，規格を巡る標準化競争について代表的事

例を交えながら説明を行う．また，デファクト・スタンダード競争を詳しく説明するため，ネットワークの外部性，オープン・アーキテクチャーについて詳しく解説する．

　最後に，本書が基本テキストとして読者の期待にこたえ，しかも有効に活用されることをこころから願っている．

2006 年 2 月　　　　　　　　　　　　　　　　　　執筆者を代表して

　　　　　　　　　　　　　　　　　　　　　　　　松崎　和久

目　次

第Ⅰ部　グループ経営

第1章　グループ経営の構造 …………………………………… 3
1. 単体経営パラダイムからの脱却　3
2. グループ経営の必要性　4
3. ネットワークとしてのグループ経営　5
4. グループ・マネジメントの枠組みと方向性　7
5. グループ企業のマネジメント　10
6. グループミッションと業績評価　13
7. グループ資源の共有化メカニズム　14
8. グループ組織の構造　16
9. グループ本社の機能　18
10. グループ全体最適の経営を目指して　19

第2章　グローバル・グループ経営 ……………………………… 25
1. 海外子会社の組織能力　25
2. 子会社能力の高度化　27
3. ネットワークとしてのグローバル企業　28
4. ネットワークのイノベーション　33
5. グローバル・グループ・マネジメント　35
6. グローバル・グループ学習──本社改革の必要性──　37

第3章　グループ経営と競争優位 ………………………………… 42
1. 単独経営の時代から連結経営の時代へ　42
2. メリハリのあるグループ経営　44
3. グループ経営とシナジー　45
4. グループ・リストラクチャリング　49

第4章　グループ経営の国際比較 ・・・・・・・・・・・・・・・・・・・・・・・・・・・・・・・　55

1. 「蓄積」の日本と「組み合わせ」のアメリカ　55
2. 「蓄積」と「組み合わせ」のグループ経営　59
3. バリューチェーン型グループ経営　63

第Ⅱ部　グループ・ネットワーク

第5章　グループ価値とガバナンス ・・・・・・・・・・・・・・・・・・・・・・・・・・・・・・・　69

1. グループ価値とは何か　69
2. グループブランドとグループ価値　70
3. コーポレートガバナンス　76

第6章　グループ・ネットワークの強化 ・・・・・・・・・・・・・・・・・・・・・・・・・　88

1. グループ統合　88
2. 理念の浸透による求心力の強化　92
3. ソーシャル・キャピタル　97

第7章　グループシナジーと本社戦略 ・・・・・・・・・・・・・・・・・・・・・・・・・・・　103

1. シナジーとは何か　103
2. 本社戦略のスタイル　106
3. ペアレンティング　110
4. ペアレンティングからパートナリングへ　113

第Ⅲ部　戦略提携とは何か

第8章　戦略提携 ・・　119

1. 戦略提携の特徴　119
2. 戦略提携の効果　121
3. 戦略提携とインタンジブル資源　123
4. 戦略提携の活用方法　124
5. 関係性のマネジメント　128

6. 組織内ネットワークの構築　132

第9章　知識統合と競争優位性　136

1. 知識特性　136
2. 資源ベース論の中核としての知識　138
3. 持続的競争優位性を創り出す知識の柔軟性　140
4. 知識統合の組織能力　143
5. 知識統合と組織間関係　144
6. 知識統合の課題　146

第10章　学習提携　151

1. 組織学習と競争優位　151
2. 組織学習のタイプとプロセス　152
3. 組織学習から組織間学習へ　156
4. メタ学習に向けての組織間学習　157
5. 組織間学習の促進要因　159
6. 製品リンクと知識リンク　161
7. 組織間学習のマネジメント　162

第Ⅳ部　戦略提携の発展

第11章　協争戦略　169

1. 競争戦略と協力戦略　169
2. 協争戦略とは何か　172
3. バリューネット　175
4. ゲーム理論と協争戦略　179

第12章　M&A戦略　185

1. M&Aとは何か　185
2. 友好的買収と敵対的買収　189
3. M&Aプロセスと統合　191

4. M&A と株主権限　195

第 13 章　デファクト・スタンダード競争 …………………………… 201

   1. デファクト・スタンダードとは何か　201

   2. ネットワークの外部性　204

   3. ウィナー・テイク・オール（ひとり勝ち）　205

   4. ベータ方式と VHS 方式の争い　207

   5. オープン戦略　208

索引 ……………………………………………………………… 213

第Ⅰ部
グループ経営

- 第Ⅰ部 グループ経営
  - 第1章 グループ経営の構造
  - 第2章 グローバル・グループ経営
  - 第3章 グループ経営と競争優位
  - 第4章 グループ経営の国際比較

- 第Ⅱ部 グループ・ネットワーク
- 第Ⅲ部 戦略提携とは何か
- 第Ⅳ部 戦略提携の発展

戦略提携
アライアンス

第1章の要約

　21世紀における日本企業の経営のキーワードは,「グローバル」「グロース」「グループ」の3つである．これは,日本企業がグローバルに事業展開することによって,グループとして成長を遂げていくということを意味する．しかし,この3つのキーワードをベースに,有効な戦略を展開している企業はまだ少数である．というのも,長い間,親会社中心の単体経営によって競争優位性を構築してきた日本企業の多くは,いまだに自社に最適なグループ経営のモデルを構築していないからである．本章では,昨今の日本企業の新しいグループ経営モデルを議論することを意図している．

第1章 グループ経営の構造

1. 単体経営パラダイムからの脱却

　日本のグループ経営の特徴は，グループ各社が個別につくった戦略を本社がとりまとめ，グループ戦略と称しているのがほとんどであった．その結果，グループ全体として最適な事業領域の選定，経営資源の配分がなされていない．つまり，欧米企業では当然なグループ経営が，日本企業では単なる関係会社の寄せ集めでしかなかった．そこには，グループに対する戦略性は皆無に等しかった．そのため，わが国の企業グループ・マネジメントは伝統的に関係会社管理と称されてきた．

　伝統的な関係会社管理のもとでは，親会社の主要事業に関連性の強い関係会社に対しては，日常業務を中心にかなりタイトな管理を行ってきた．しかし，親会社の主要事業から遠い異質な事業分野にいる関係会社や，または地理的に遠い海外の子会社については，グループ経営の対象外とされてきた．

　そもそも，多くの日本企業は，関係会社の設立経緯や，設立基準を明確にしてはこなかった．グループ形成もその時々の事情に応じて，本社の人事対策上の受け皿会社を目的としたり，または，コスト合理化のために製造機能の一部を外出しにするといったように，その時，その時の本社に生じた課題を解消するために，関係会社を設立してきたといえる．

　しかも，設立後も，関係会社は，親会社のバッファー機能として活用されてきた．たとえば，親会社の業績が低迷したり，人がダブツキはじめると関係会社に出向させたり，また，親会社の業績が悪いときには，関係会社の配当の増額を要求したりしてきた．一方，関係会社もこの関係のもとに，自立化の道を模索するわけでもなく，業績が悪化すると親会社に支援を求めるという，まさにもたれあいの経営が展開されてきたといえる．

2. グループ経営の必要性

今日、多くの日本企業が、このような関係会社から脱却し、新しいグループ経営の展開を模索しなくてはならない時期にきている。その背景にはつぎのようなさまざまな要因が存在し、さらにそれらの要因が相互に関連しあっている。

(1) グローバル競争の激化

今日のように各産業のグローバル化が高まると、親会社単体の経営資源では、環境に適応することが困難である。事実、欧米の企業は、グループのもつ経営資源をフルに活用することで競争優位性を構築している。たとえば、ネスレなどは、複数の企業を買収することで、グループ企業に取り込み、ネスレブランドのもとに多様な分野にいる企業と資源シナジーを創り出している。日本企業も、グローバル競争に打ち勝つためには、まさにグループ企業の資源を取り込みながら、戦略を展開することが必要不可欠になっている。事実、グループ経営の対象企業に、海外子会社も含める企業が多くなってきている。

(2) 連結決算制度の導入によるグループ価値最大化

欧米ではグループ経営が当たり前というのも、以前から連結決算が制度化されているからである。日本でも、企業の連結決算制度が導入され、いよいよ親会社単体の経営ではなく、グループ企業全体の経営業績の善し悪しで評価される時代になってきた。つまり、日本の企業も伝統的関係会社管理からグローバルスタンダードのグループ経営にいやおうなしに転換を迫られているということである。そのためには、グループ全体の情報開示を徹底化しなくてはならなくなってきているし、企業のトップは、株主に対してグループ全体の業績について説明義務を負わなくてはならなくなっている。

連結決算が導入され、単一企業ではなくグループ全体で評価されようになると、グループ全体の企業価値をいかに高めるのかという戦略が重要になってく

る．そのため，本社を含めたグループ全体の価値が高まるように事業構造を変革する必要がある．たとえば，新たな成長軌道を模索して新しい事業分野に関係会社を設立したり，また，関連性の高い事業を展開している関連子会社同士を合併させたりすることが必要とされているのである．

さらに，本社も，コア事業に経営資源を集中する一方で，業務活動をスリム化して効率性を向上させるために各種の業務サービスをアウトーソシングしたり，他の企業と提携関係を結んだりすることが必要とされている．つまり，本社の単一企業経営からの脱却が必要とされているのである．

(3) コングロマリット・ディスカウントの回避

日本企業のように総合メーカーという名の下に多様な事業群を抱えると，不必要な間接コストを抱えてしまい，企業全体の価値は個々の事業合計より低くなるというコングロマリット・ディスカウントに陥ることになる．ディスカウントに陥る理由としては，日本企業が，自社のコンピタンスを活用しても，付加価値を創造できない事業を抱えていることである．日本の大手企業の新規事業の成功率はきわめて低いといわれている．

その原因のひとつが，自社のコンピタンスが何かを認識せず，「競合他社が参入しているから」とか「シナジーが見込めるから」というロジックで参入するからである．当然のことながら，競合他社が参入している分野は，競合が激しいので期待するほど利益を生み出せない．また，シナジーはそんな簡単に生み出すことはできない．詳細な理由は，別の章に委ねるが，シナジーは競争力のある事業同士でなければ創り出すことは難しい．市場自体に魅力の乏しい事業，またはグループの強みを活かせない事業分野に参入しても，シナジーを生み出すことはできない．

3. ネットワークとしてのグループ経営

以上の理由から，日本企業は，いままでの伝統的な関係会社管理からの脱却

を迫られているのである．換言するならば，親会社単体経営のパラダイムから，新しいグループ経営パラダイムへの転換である．新しいグループ経営へパラダイムシフトする鍵は，本社による集中管理から分散と統合の管理への移行である．分散といっても，いままでのように，その時，その時の本社に生じた課題を解決するために，無節操にグループ企業を作ったり，大幅に権限を委譲するというものではない．明確なグループの戦略のもとに，グループ企業に大幅な権限を与え自立性を促すけれども，そのグループ企業の戦略行動は，グループ全体の戦略行動に適合しているということが必要である．つまり，分散と統合のバランスがとれていることが重要なポイントになる．

このような分散と統合のバランスのとれたグループ経営を実行するためには，2つの条件が必要とされる．ひとつには，高度な戦略性をグループ全体でもつことである．もうひとつは，親会社対関係会社というように，個対多の関係であった管理体制から，グループというマネジメントを確立することである．換言するならば，ネットワーク・マネジメントの論理を確立することである．

グループというネットワークを効率的にマネジメントするためには，単一のマネジメントロジックでは困難である．というのも，グループ・ネットワークの中には，2つのタイプのネットワークが存在するからである．

企業がグループ企業と認識するのは，親会社が子会社の株を50％以上もっている連結対象子会社と，50％以下の連結対象外の子会社の2つである．以前は，多くの企業が，連結対象企業をグループ経営の対象企業としてきた．しかし，今日では，このような資本力による結びつきだけではなく，戦略上重要な事業を手がけているかどうかで，グループ経営の対象企業にするかを決定している．今や親会社と子会社との資本的距離はあまり意味をもたなくなってきている．

その理由としては，近年，急増している戦略提携の増大がある．しかも，以前のような周辺事業分野だけではなく，コア事業分野においても，活発に戦略提携が展開され始めている．

本稿では，連結対象になる企業で形成されるネットワークを企業内ネットワーク，そして，提携などの外部企業をも取り込んだネットワークを企業間ネットワークとよぶことにしよう．この章では企業内ネットワークを議論し，第8章で企業間ネットワークとしての戦略提携を議論することにする．

　ネットワークを2つに分類したが，ネットワークを考える場合，もうひとつ空間の視点から考えることが必要とされる．前節で，グループ経営を促進するひとつの理由として，グローバル化を取り上げた．グループ企業といっても，国内だけではなく海外の子会社も存在するからである．むしろ，グローバル競争に打ち勝つためには，海外子会社のもつ資源や能力をいかに活用するかも重要な持続的競争優位性構築の要因である．ここでは，国内のグループ経営を議論し，次章で海外子会社を巻き込んだグローバル・グループ経営の議論をすることにしよう．

4.　グループ・マネジメントの枠組みと方向性

　グループ経営の本質は，グループ資源を束ねることによって個々の資源の単純総和以上の価値を実現することである．そのためには，グループ全体でシナジー効果を発揮できるような仕組みがなければならない．

　グループ・マネジメントの難しさは，競争，市場構造が違う多様な分野に多様な子会社群を抱えていることである．多様な分野に多角的に事業展開し，複数の事業やグループ企業を抱えることは，個々のビジネスのライフサイクルを超えて長期安定性を獲得できるし，複数のビジネスを抱えることによるシナジーなどの付加的メリットが生み出されることが予想される．

　しかし，複数の事業を抱えることで，自然発生的にコングロマリット・プレミアムが実現できるわけではない．プレミアムを実現できるスキルを身につけなければ，むしろ，前述したように，複数事業を抱えることによるマイナス，つまり，コングロマリット・ディスカウントに陥ることになる．事実，今日，日本企業の多くがグループ経営を標榜しているにもかかわらず，コングロマ

リット・ディスカウントから脱却することができないでいる．換言するならば，全体最適のグループ経営を実現することができていない．

本稿では，新しいグループ経営のマネジメントをつぎのような枠組みでとらえることで，グループ・マネジメントのより実践的活用方法を議論することにしよう．

(1) グループビジョン

グループのようなネットワーク企業のマネジメントには，常に分権と集権という問題がつきまとうことになる．分権化がいきすぎると，グループとしての経営資源の機動性を高めることが困難になる．しかし，逆に集権化が進むと，グループ企業の自立性がそがれ，グループ全体としての資源の高度化が妨げられることになる．

このようなグループ経営のもつ本質的な課題，つまり，異質性の増大と分権と集権のマネジメントという課題を解消してくれるのが，ビジョンの役割なのである．そのため，グループビジョンは，グループとして目指すべき将来像を

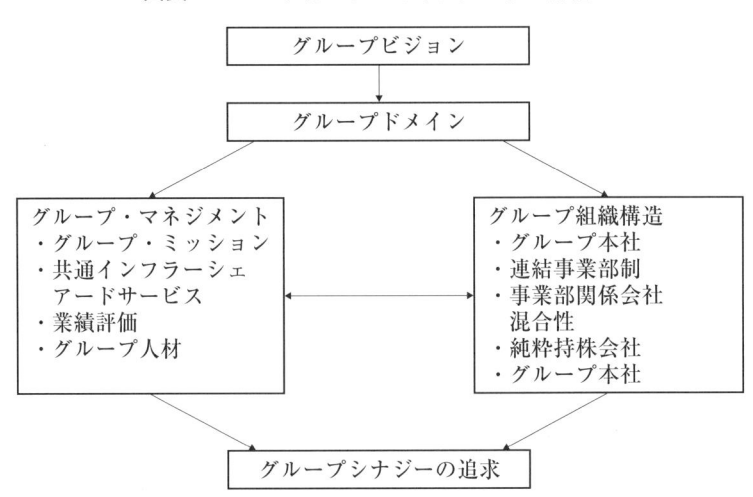

図表1-1 グループ・マネジメントの枠組み

```
            ┌─────────────────┐
            │  グループビジョン  │
            └─────────────────┘
                     │
            ┌─────────────────┐
            │   グループドメイン  │
            └─────────────────┘
                  ╱       ╲
    ┌──────────────────┐   ┌──────────────────┐
    │ グループ・マネジメント │   │  グループ組織構造  │
    │ ・グループ・ミッション │   │ ・グループ本社     │
    │ ・共通インフラ―シェ  │←→│ ・連結事業部制     │
    │   アードサービス     │   │ ・事業部関係会社   │
    │ ・業績評価          │   │   混合性          │
    │ ・グループ人材       │   │ ・純粋持株会社     │
    │                  │   │ ・グループ本社     │
    └──────────────────┘   └──────────────────┘
                  ╲       ╱
            ┌─────────────────────┐
            │  グループシナジーの追求  │
            └─────────────────────┘
```

明確に語るものでなくてはならない．日本企業の多くは，このグループとしてビジョンが明確ではなかったために，あまりにも多種多様な事業分野にグループ企業の事業展開を許容することになった．しかも，その多様な事業展開は，決してグループ全体の競争力を強化するものではなかった．

　グループビジョンは，グループ内で展開されているさまざまな事業を包括するかたちで設定される．つまり，「われわれの企業グループは何を目指すのか」「どのような姿になりたいのか」といったことを組織の内だけではなく，株主，顧客などの組織の外にいる利害関係者に対しても，伝える企業像である．たとえば，GE の目指す「すべての事業は世界市場の NO.1，NO.2 の市場占有率」などは，グループ企業や利害関係者にとってもきわめてわかりやすいグループビジョンといえる．

　このグループビジョンの効果である求心力を高めるためには，ビジョンの策定レベルからグループ企業を参加させることである．関係会社管理では，本社のビジョンを策定してから，半年後くらいにグループ企業のビジョンを策定するという手法が多かった．しかし，このような戦略策定の手法では，グループ企業のモチベーションを下げることになる．ビジョンによる求心力を高めるためには，グループ戦略の策定レベルからグループ企業を関与させることが必要不可欠である．事実，今日，日本企業の多くは，グループ戦略の策定レベルからグループ企業を関与させている．

(2) グループドメイン

　グループビジョンが明確になったら，つぎになすべきことは，グループの事業ドメインを明確にすることである．グループとして「この事業に参入すべきかどうか」「この事業から撤退すべきどうか」「この事業はわれわれの企業グループで取り組むべきかどうか」といったことを決定するのがグループドメインである．つまり，ドメインとは，企業が事業展開する領域のことであるが，このドメインをどう定義するかが，企業の競争力に決定的な影響を与えること

になる．

　今日，グローバル競争に目を向けると，デル・コンピュータやノキアなどの特定の事業ドメインに特化した専門型のグループ企業が，競争力を発揮している．単に複数の事業を抱えているだけでは競争力を発揮しづらくなっているが，前述したように，複数の事業を抱えることによるメリットも数多いのである．しかし，そのためには企業グループの競争力の差異化につながるようなスキルやノウハウの共有化が必要不可欠になる．

　たとえば，松下グループのナショナル住宅産業は，効率の悪い販売展示場をできるかぎり閉鎖し，代わりに，松下グループの強みである系列家電店を住宅の販売に活用することを狙っている．地域に根ざした家電店は，電器工事などの際に顧客の新築や建て替えに関する情報がいち早く入るケースが多いからだという．

　つまり，この事例から，グループ事業ドメインを広くとっていても，共有化スキルがあれば，有効なシナジーが創造できるようになる．まさに，複数事業をグループ企業にもつことでグループとして価値が高まるコングロマリット・プレミアムを生み出すようなドメイン設定が可能となる．それゆえ，新たな事業ドメインへの参入や既存の事業ドメインからの撤退の決定にさいしては，グループ全体の事業への影響やシナジーを考慮して進める必要がある．

　それでは，つぎにグループ経営のエッセンスであるグループシナジーを創り出すためのマネジメントと組織構造を次に議論してみよう．

5. グループ企業のマネジメント

　企業グループといっても，グループ各社の機能や事業ドメイン，さらには親会社による経営支配権の強弱によって，グループの中にはさまざまな企業が存在する．そのため，グループ本社がすべてのグループ企業を一律に管理することは不可能である．たとえば，グループ企業の中には，本社の事業とはまったくシナジー効果のない事業を展開しているグループ企業もある．そして，その

事業が，今後の本社の目指すべき成長路線の事業に合致していれば，本社との連携を強めることが予想されるが，本社にそのノウハウがない場合，単に管理体制を強めても，そのグループ企業とのシナジー効果を得ることは困難であろう．

90年代に，日本の総合エレクトロニクスメーカーが，将来のコンテンツ事業を睨んで，映画会社を買収しグループ企業に取り込んだが，事業的に成功することはなかった．グループ企業のマネジメントを効率的に展開するためには，本社ならびにグループ企業のもつ経営資源，さらには，グループ戦略が目指すべき方向性などを勘案して，さまざまな分野に事業展開しているグループ企業の経営資源を活かす戦略を展開しなくてはならない．そもそも，グループ会社を一律に管理することは，管理スパンの限界や効率性という観点からみて困難である．

グループ会社を特定の基準からサブグループに分け，サブグループごとに管理の強弱や方法を変えることによってグループ全体にわたる管理体系を構築する必要がある．グループ会社を分類する基準としては，つぎの3つがあげられる．①当該グループ会社の事業規模，②当該グループ会社事業戦略の一体性，③親会社による実質的な経営権の強さである．

通常，事業規模が大きくなればなるほど，グループ全体に対する売上げや利益への影響度は，当然のごとく高くなる．つまり，連結会計上の観点からも，重点的な管理の対象となる．しかし，注意を要するのは規模だけで分類すると，将来的に戦略性の高い組織能力をもった企業を，グループ経営の対象外として位置づけてしまうことである．

たとえば，ゲーム機をてがけていたソニー・コンピュータ・エンタテイメントは，会社設立当初は，エレクトロニクス事業を中核とするソニーにとっては，規模的にも，また事業特性からも，マイナー企業としてグループの中で位置づけられていた．しかし，いまやソニーグループの収益の核となっているだけではなく，今後のソニーの事業展開の中核企業にもなりつつある．つまり，事業

規模だけではない，つぎに述べる事業戦略の一体性を勘案してグループ戦略を策定しなくてはならない．

第2の事業戦略の一体性とは，グループ戦略からみてそれぞれの会社の事業がどの程度の重要度をもっているかという位置づけである．たとえば，かつて東芝は，国内で113ある東芝グループの子会社，関連会社を，中核となる事業ドメインの内にあるか外かで位置づけていた．さらに，グループ内で果たすべき役割によって図表1－2のようにグループ企業を5種類に分けていた．

中核事業を担うのは，分社会社やカンパニー関連会社，そして連携会社である．分社会社は，かつては東芝の一部門だったが，製造，販売，研究開発の3つの機能をもって分離独立した会社群である．カンパニー関連会社は，各地の製造・販売子会社で，東芝本社内の各カンパニーと一体で事業展開する．連携会社は，グループとしての中核事業のほかにも，今後，撤退や売却の対象になる事業を抱えている会社である．一般会社は，戦略事業分野外にあるグループ会社で，将来はグループ外で事業を発展させていくことを期待されている．

第3の親会社による実質的な経営権の強さとは，親会社が当該会社の意思決

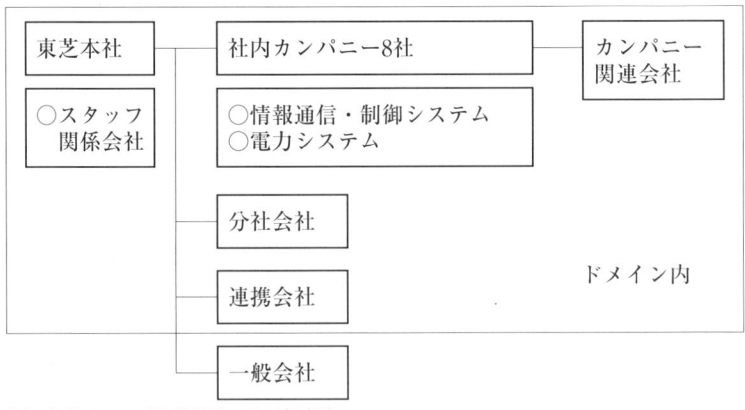

図表1－2　東芝のグループ経営

東芝本社	社内カンパニー8社	カンパニー関連会社
○スタッフ関係会社	○情報通信・制御システム ○電力システム	
	分社会社	ドメイン内
	連携会社	
	一般会社	

注）東芝グループ経営組織，2000年当時

定に影響を及ぼす力の強さである．連結決算上は，絶対的持株比率のみが基準であり，持株比率50%超が連結子会社，20%以上50%以下が持分法適用対象の関連会社とされている．

経営権をひとつの分類軸にする理由は，いくらコア事業のグループ企業と位置づけても，実質的な経営権が弱くコントロールができなければ，分類しても戦略的な意味はなくなってしまう．そのため，昨今の日本企業のグループ経営では，本社のコア事業領域に属するグループ企業の出資比率を高める傾向にある．たとえば，先の東芝の事例では，中核ドメインにいる企業の出資比率を引き上げていくだけではなく，経営資源をグループ内でコントロールするため，分社会社やカンパニー関連会社は，今後，株式公開はしない方針という．

6. グループミッションと業績評価

グループビジョンがグループ全体に対して設定されるのに対して，グループミッションとは，グループ会社個別のグループへの価値提供である．「この事業を通じてどのような価値をグループに提供するのか」「この事業はグループの中でどのような役割，位置づけを有しているのか」などがグループミッションである．たとえば，東芝のグループ企業である東芝セラミックスのミッションは，「先端素材開発で世界のリーダーを目指すこと」，「東芝グループの半導体事業の基礎材料を提供すること」とされていた．

このミッション設定で重要なのは，親会社とグループ企業が同意のもとに策定されることである．一方的に，親会社の策定したミッションを押しつけては，ミッションそのものの役割が失われることになる．というのも，ミッションには，グループ全体での自社の役割や位置づけを明確にする機能だけではなく，グループ経営というネットワーク経営に常に伴う分権と集権のジレンマをも解消する手段にもなるからである．

さきの東芝の事例でいえば，東芝セラミックスの① 先端素材開発で世界のリーダーを目指すというミッションは，東芝セラミックスの経営資源だけでは

限界があるため，どうしても本社や他のグループ企業の協力を仰ぐ必要性があるからである．つまり，グループというネットワーク経営の連結ピン的な機能を担うのもミッションの重要な役割である．

　いくら本社との合意形成プロセスの中で，すばらしいミッションを策定しても，そのミッションの実現が，適切に評価されなくてはグループ経営は機能しなくなる．しかし，多様な事業展開やミッションをもつグループ企業に，統一のとれた評価基準を確立し，適用することは意味がない．たとえば，現段階では収益性が乏しく投資の方が多くても，将来的にはグループの中核になる企業に対しては，資金をすでに回収している成熟分野にいるグループ企業と同じ評価をするわけにはいかない．つまり，業績評価基準は，各社の事業特性，経営の基本方針，グループ事業戦略によって異なるのが自然なかたちである．

　グループ企業の業績を適切に評価するためには，財務項目などの定量的な指標と同時に，戦略の策定時に設定された経営課題との取り組み度合いといった定性的指標を用いるなど，グループ企業が適切だと感じられるような複数の評価基準を確立し，業績を評価する必要がある．

7.　グループ資源の共有化メカニズム

　ミッションや適切な業績評価を確立したなら，戦略を展開するうえで必要不可欠な経営資源をグループ全体で効率的に活用するしくみを構築する必要がある．部分的な効率化は，決してグループ全体の効率的な解にはつながらないからである．そのためには，グループ全体での効率的な資源活用のしくみが必要とされる．たとえば，グループ経営のもっとも重要な資源はヒトと情報である．そのため，ヒトと情報をグループ内で環流させることによってダイナミックなシナジー効果を創り出すことが可能になる．

　ここでのヒトの活用の視点は，制約のある人的資源をグループ全体で共有し，そして適材を有効に活用することである．つまり，親会社と関係会社および関係会社同士のあいだでの人材環流を通じて，グループとしてのノウハウやスキ

ルを蓄積し，グループ全体でのシナジー効果を発揮させることにある．ここでは，人的資源も個々の会社の人材という位置づけを超えた「グループ人材」という考え方が生まれてくる．

いままで子会社への出向といえば，非常にネガティブな印象が強かった．というのも，子会社への出向というのは，本社で定年を迎えた人材が行くルートだったからである．しかし，東レなどは，若手幹部を研修した後，子会社の社長として出向させ，実際に経営のスキルを高めさせた後に，本社に戻すという方法をとっている．また，かつて東芝などは，子会社の人材を本社の企画部に受け入れていた．なぜなら，戦略策定の機能を担う企画部にいれることで，他の事業部門との社内ネットワークが構築しやすくなるので，子会社に戻ってから東芝本体のどの部門に協力を求めればよいかがわかりやすくなるからである．

人材をはじめとして，グループ全体で資源を効率的に活用するようになれば，できる限りグループとして重複する機能や資源を取り除かなければ，グループとしての管理部門費用が膨大になってしまう．この問題を解消するのが，シェアードサービスである．

シェアードサービスとは，複数の組織で実施しているインターナル・サービスを集中化し，組織として独立させることにより，顧客の視点でサービスの向上とコスト削減をはかるしくみである．顧客とは，サービスの提供を受ける内外の組織を指す．つまり，グループ企業やカンパニーを顧客とみなし，専門性の高いサービス提供の対価として報酬を受け取るのである．そのため，シェアードサービスの組織的な位置づけとしては，企業内の他のビジネスユニットと並列に扱われることが多い．

シェアードサービスの導入が進んでいる米国では，このサービスを導入することによって，支払い業務や一般会計業務でかなりのコスト削減が達成できると報告されている．このサービスが，コスト削減に大きな効果を発揮するのは，社内だけではなく，グループ内の企業の仕事を集中化することによって，規模の経済性の効果が働きコスダウンが可能になるからである．しかし，問接部門

のすべてがシェアードサービスに適しているというわけではない．シェアードサービスに適した業務には，日常的な繰り返し業務，専門的スキルを要する業務，全社的な情報システム関連の業務などが挙げられる．

8. グループ組織の構造

グループとしての資源共有化をより一層促進するためには，いままでのグループとしての組織マネジメントを変革する必要がある．「戦略は組織に従う」という命題があるように，新しいグループ戦略を策定，実現するには，今でのグループ組織のマネジメントも変革しなくてはならない．

グループにおいて本社・事業部門の関係を規定する組織形態は，基本的につぎの3つに集約される．① グループ本社と事業推進責任単位を同じ会社にする連結事業部制，② 事業推進責任単位を一部関係会社化する事業部関係会社混合制，③ 事業推進責任体制をすべて関係会社に任せる純粋持株会社制．

どの組織を選択するかについては，機能の集中度が高ければ① の連結事業部制をとり，集中度が低くなるにしたがって② 事業推進責任単位を一部関係会社化する事業部関係会社混合制，さらには③ 事業推進責任体制をすべて関係会社に任せる純粋持株会社制へと移行するといわれている．

日本では，1997年12月まで純粋持株会社の採用が認められていなかったため，本社あるいは中核会社の中に事業部門をいくつかもつ事業持株会社が一般的であった．しかしながら，事業持株会社では，時として業務上の意思決定と戦略上の意思決定が混同されることがある．たとえば，日本企業の取締役メンバーは，カンパニー制を導入している企業は別として，いまだ各事業部門の責任者と兼務であることが多い．つまり，各事業部門の利益代表が，取締役会のメンバーとして全社あるいは全グループの方向性を議論するというスタイルにはなっていない．

① の連結事業部制では，子会社の業績評価が事業部の業績と連動しているため，親会社と子会社という階層的な意識関係や，親会社ばかり貴重な経営資

図表 1 − 3　事業部・関係会社混合制度

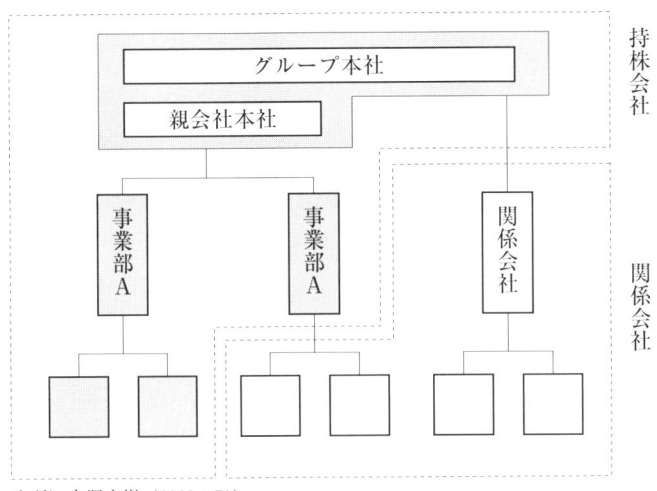

出所）寺澤直樹（2000：71）

図表 1 − 4　連結事業部制度

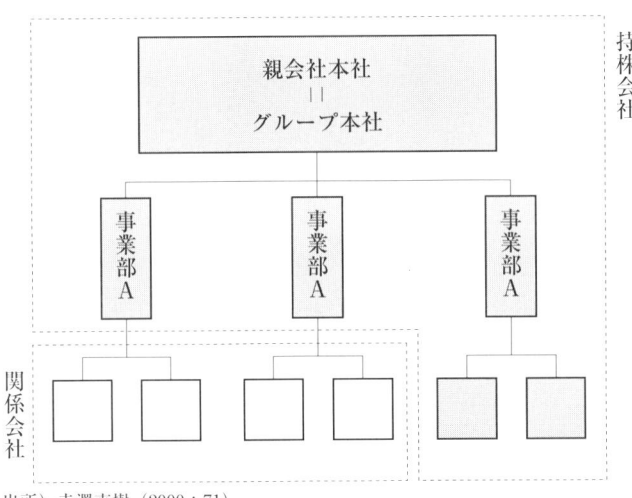

出所）寺澤直樹（2000：71）

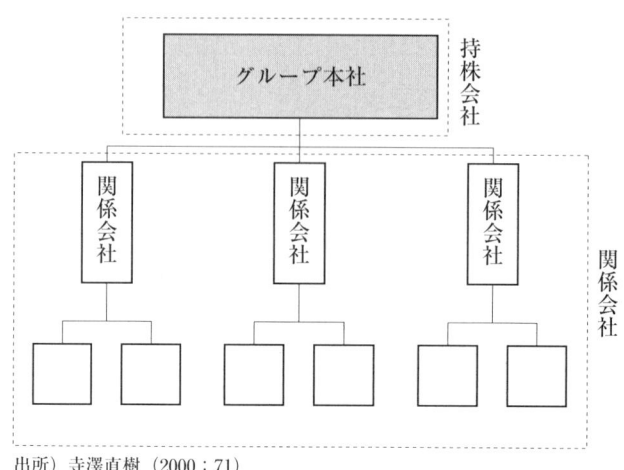

図表1-5　純粋持株会社制

（グループ本社＝持株会社、関係会社が複数ぶら下がる構造図）

出所）寺澤直樹（2000：71）

源が蓄積されるという欠点は排除することができる．しかし，本社がグループ本社もかねているため，全体最適な資源活用という点では問題が生じてくる．

　グループでより最適な資源の配分と蓄積を行うためには，本社が兼務するグループ本社とは別の，次節で述べる独立したグループ本社というグループ経営専属の組織が必要となってくる．つまり，②の組織形態である．事実，日本企業の多くが②の事業部関係会社混合制のグループ経営を展開している．将来的には，法的な整備が整えば，③の形態への移行がより一層進むと考えられている．

9. グループ本社の機能

　グループ本社には，今までとは異なる機能を与えることで，グループ企業をマネジメントする役割が必要となる．グループ本社には，少なくともつぎのような機能を遂行することが期待されている．

　第1の機能は，グループ全体としての戦略を策定し，経営資源配分の優先順位を決め，実行していくというグループ戦略策定機能である．

第2の機能は，親会社の事業部門とグループ企業事業責任部門の業績を定期的にモニタリングすることである．そして，モニタリングを通じて，グループ企業全体の価値向上に貢献している企業とそうでない企業を見極め，貢献していない企業は，他の企業に売却したり，または他のグループ企業と統合するなどの組み替え機能を実行していくことである．

　第3の機能は，モニタリングをつうじて，グループ全体に大きな貢献をしている企業や，また，現在，貢献度は低くても，将来の事業展開に鍵となるような資源を有しているグループ企業を支援する機能である．つまり，グループのメンバー企業が能力を最大限に発揮できる環境を作り上げることである．

　第4の機能は，恐らくもっとも重要な機能といっても過言ではないが，グループの求心力を戦略的に助成する機能である．グループ企業のマネジメントをタイトにしすぎるとコントロールは効くけれども，自律性が阻害され，グループ企業の自発的な経営資源の蓄積能力を阻害することになる．しかし，逆に権限委譲をすすめ自立化を過度に助長すると遠心力が働きすぎグループ全体として新しいビジネスモデルを構築することはできなくなる．グループ経営を効率的に展開するためには，遠心力と求心力のバランスをいかにとるかが，重要な鍵になる．

　求心力の源泉は多様である．前述したように，ビジョンもそのひとつであるし，コーポレートブランドをグループ企業が共有し，コーポーレートブランドの価値の上昇が，グループ企業の価値の上昇にも直結するという体制を構築すれば，グループ全体での求心力を保つことが可能になる．

10. グループ全体最適の経営を目指して

　グループ経営のシナジーを創り出すための，マネジメント手法を議論してきた．しかし，ここで注意を要するのは，矛盾するようであるが，シナジーにあまりこだわり過ぎてはいけないということである．前述したように，シナジーはそう簡単に生み出すことはできない．シナジーを創り出すことが戦略前提に

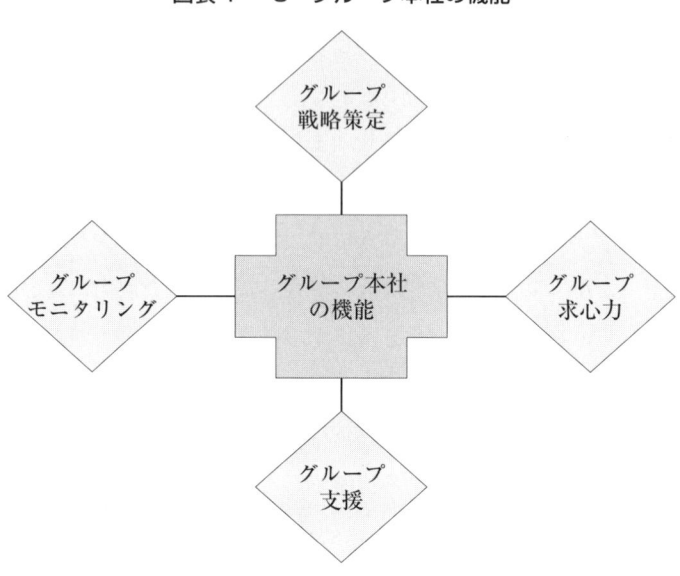

図表1-6　グループ本社の機能

```
          グループ
          戦略策定

グループ    グループ本社   グループ
モニタリング   の機能      求心力

          グループ
          支援
```

なっていると，本社の過剰介入が生じることになる．

　コーポレートが関与しない方が経営的にはベストな事業や子会社に対しても，「収益性が高いから」「シナジーの可能性が高いから」という理由で，関与することが多い．しかし，それが，逆に事業の成長性をとめることが多い．概して多角化企業では，コーポレートの干渉が無意味もしくは有害に働くケースが多いのである．たとえば，違ったビジネスであっても同じ傘下にいると，同一の管理のしくみが適用される傾向がある．たとえば，トヨタ自動車が住宅事業に参入した際に，自動車事業で培った事業の評価システムをそのまま住宅事業に適用したが，うまくいかなかった．自動車と住宅事業では，売り方がまったく異なるからである．

　この事例からもわかるとおり，本来，異なってしかるべき評価・判断基準は，ビジネスにとってマイナスになることさえあれ，決してプラスには働かないケースが多い．つまり，コーポレートの過剰介入が多角化企業の個々の事業価値をより一層下げてしまうのである．

もちろん，過剰介入しても，適切にグループ企業のもつ能力を評価できれば問題は生じないかもしれない．しかし，適切にグループ企業の能力を評価，支援すべき本社スタッフの力が近年，衰えているのである．換言するならば，本社スタッフの機能不全である．その理由は，ここ数年，多くの企業が適切なスピードある意思決定を行うために，本社のスリム化を急速に進めているからである．

　そのため，カンパニー制や持株会社性を導入する企業が増えている．しかし，必ずしもこのような分権化の仕組みが競争優位性に結びついていないのである．その理由は，コーポレートのスタッフが，現場からの距離が遠くなり，各カンパニーや事業の戦略を適切に評価，モニタリングが難しくなってきているからである．しかも，本社はスリムになったけれども，スリムになればなるほど，事業に対する影響力は小さくなる．

　良いグループ経営とは，分権と集権の微妙なバランスのうえに成り立っている．その鍵を握るのが，以前に比べ影響力が低下しているとはいえ，結局は，グループ全体を見渡すことができる本社の能力である．

　つまり，グループ傘下のそれぞれの事業が業界の中で勝っていくには，本社としてどのような支援ができるのか，そして，何が足りないのかを明らかにすることである．そして，もし，本社として付加価値が提供できないと判断された事業については，むしろ売却なども視野にいれることが必要とされるであろう．今までのように，本社という名の下に，グループ事業のすべてに影響力を及ぼすという経営手法は限界にきているといえる．このようなグループ企業に対する戦略の考え方は，ペアレンティングとよばれている．この概念については，他の章で詳しく議論されるので，本章ではこれ以上の詳しい説明は控えることにする．

　ともあれ，日本企業のグループ経営というのは，まさに大きな転換期にきているのであり，その転換期を乗り切れるかどうかは，まさにグループ企業の再編と同時に，本社機構の変革を同期化できるかどうかにかかっているといって

も過言ではないのである.

> **演・習・問・題**
>
> 問1 グループ経営の必要性の高まりについて説明しなさい.
> 問2 グループ企業の集権化と分権化のマネジメントについて説明しなさい.
> 問3 日本企業のグループ経営の課題について説明しなさい.

参考文献

アーサーアンダーセン・ビジネスコンサルティング（1999）『グループ経営マネジメント～連結シナジー追求戦略の構築』生産性出版

ベイン・アンド・カンパニー，伊藤良二・須藤実和（1999）『戦略グループ経営～事業ポートフォリオの再構築』東洋経済新報社

伊藤邦雄（1999）『グループ連結経営』日本経済新聞社

高井透（1997）「組織学習を促進するグローバル・ネットワーク戦略」『世界経済評論』多賀出版, 10月号, pp. 49-57

高井透（2000c）「日本企業のグローバル・ラーニング―本社・子会社間の知識フローの分析」『桜美林大学産業研究所年報』第18号, pp. 57-83

寺澤直樹（2000）『グループ経営の実際』日本経済新聞社

小河光生（2001）『分社経営』ダイヤモンド社

藤井耐・松崎和久編著（2002）『経営学の多角的視座』創成社

寺本義也（1991）『ネットワークパワー』NTT出版

中島済・小沼靖・荒川暁（2002）「ペアレンティング：本社組織の新しいミッション」『DIAMONDハーバード・ビジネス・レビュー』ダイヤモンド社

《推薦図書》

1. 伊藤邦雄（1999）『グループ連結経営』日本経済新聞社
   日本企業のグループ経営を多角的視点からモデル化した書である.
2. 小沼靖（2002）『日本企業のグループ・リストラクチャリング』
   欧米日企業のグループ・リストラクチャリングのモデルを解明した書である.
3. 寺澤直樹（2000）『グループ経営の実際』日本経済新聞社

日本企業のグループ経営をより実践的な視点から捉えた書である.

第2章の要約

　前章では，国内志向のグループ経営のマネジメントを論議してきた．しかし，グループ経営といった場合，国内だけではなく，グローバルに事業展開している海外子会社も視野に入れて戦略を策定しなくてはならない．日本企業の場合，前章で述べたように，連結決算制度の導入が遅れていたこともあるが，グローバル・グループという戦略の発想に乏しく，本社中心主義でグローバル化が展開されてきた．そのため，国内のグループ経営と異なり，グローバル・グループ経営の戦略フレームワークを構築して，グローバル経営を展開している企業はほとんどないといっても過言ではない．依然として，日本企業の場合，国内と海外のグループ経営は2本立で行われているといえる．

　そのため，この章ではグローバル・グループ経営の中核となる海外子会社の能力について，既存研究の成果と若干の事例を援用しながら議論することにしよう．

第2章 グローバル・グループ経営

1. 海外子会社の組織能力

　グローバル企業がもつ本質的優位性は，環境の多様性と異質性である．しかも，本国の事業環境と異なる地域で事業展開する子会社を多数もっていることで，国内に事業展開をとどめる企業よりも数段にイノベーションにつながるような学習機会を多くもつことができる．

　事実，子会社が特定の分野において親会社よりも優れた経営資源を蓄積することはよくあることである．ある特定の機能で，親会社よりも経営資源的に優れている企業を，戦略子会社，戦略リーダー，センター・オブ・エクセレンスなどとよんでいる．

　とはいえ，グローバル経営論では，長い間，競争的な強みというのはすべて本社で創られるという前提があった．そして，その強みを海外子会社に移転することでグローバルな競争優位性が構築されると主張されてきた．つまり，伝統的なグローバル戦略というのは，本社が常に戦略の中心に位置し，子会社は本社から与えられた戦略を忠実に実行する手段としてみなされてきた．そのため，グローバル企業のマネジメントでは，意思決定の公式化と集権化や，本社がいかに子会社のポートフォリオを統合するかということにマネジメントのフォーカスが当てられていた．

　しかし，時間の経過とともに，子会社に対する本社のコントロールはだんだん弱くなっていることが明らかになってきた．しかし，子会社へのコントロールが弱くなっても，多くのグローバル企業は長い間，子会社を同一として扱うユナイテッド・シンドロームから抜け出せないでいたのである．

　事実，実践的にも理論的にも，海外子会社は市場参入者のプロバイダー，または親会社からの技術移転の受益者として，伝統的に捉えられてきた．このような視点は，親会社と子会社とのあいだの階層的関係を前提にしている．そのため，いかに子会社を配置，調整するかということに，グローバル競争戦略の

焦点が当てられてきた.

しかし,1980年代の後半から,子会社が開発する能力のポテンシャリティに目が向けられるようになった.なぜなら,子会社が事業展開する地域の競争環境が厳しければ厳しいほど,子会社の能力は高度化するということが知見として発見されてきたからである.

このような実務レベルにおける子会社能力の高度化を受けて,1980年代の後半から,子会社をたんなる親会社の従属ツールとする見方に対して疑問が提起され始めることになる.新しい子会社に対する見方は,グローバル企業を親会社が中心の階層的な組織としてみるのではなく,案件によって意思決定の中心が変わるマルチセンターとしてグローバル企業を捉えようという視点である.換言するならば,ネットワークとして捉える見方である.

もうひとつの子会社に対する新しい見方は,子会社は,親会社のビジネスに対して価値を付加するような活動を積極的に模索できるということである.つまり,たんに親会社から与えられた役割に依存するのではなく,みずからの戦略を創る能力をもっているという考え方である.

クロックエルとモーリソン(Crookell and Morrison, 1990)は,「グローバリゼーションの必然の結果として,子会社は親会社と競合することになるであろう.もし,競争できなければ,単にネットワークのリダンダンシーになる」と述べている.事実,小国の多国籍企業において,子会社は,ネットワークにおいて親会社以上に重要なポジションを占めることになることが明らかになっている.

実際,1990年代になってからの調査で明らかになっていることであるが,グローバル企業の海外子会社は,販売,サービス,組み立てといった伝統的な川下活動の役割を拡大して,研究開発活動などの川上活動や部品の生産,戦略的マーケティングや支援活動などといったことにも従事していることが明らかになっている.

このような子会社の活動の拡大は,グローバル戦略の現地適応度を高めよう

という親会社の意図と同様に，子会社自身の意図でもある．子会社はもともと，本社のコントロールを超えて，自らがイノベーティブな企業になるための資源を構築することに関心があるからである．

2. 子会社能力の高度化

　それでは，具体的に子会社の能力はどのような要因に影響を受けて高度化していくことになるのか．ひとつには，本社が子会社を統合するために用いるコントロールメカニズムによって影響される．もうひとつの要因は，子会社の取引ネットワークである．グローバル企業は，内と外に存在する他のアクター（グループの他の子会社，顧客，供給者，競争企業）を含むビジネスネットワークに埋め込まれている．そのため，ネットワークの中にいる子会社の活動は，これらアクターとの相互作用を通じて具体化し，開発されていくことになる．

　前者の影響，つまり，親会社のコントロールは，親会社が常に優位な資源を子会社に対して所持しているため，子会社は親会社に依存するのでコントロールが可能になるというロジックである．しかし，子会社のもつ経営資源は，立ち上げ期こそ親会社の資源によってマネジメントされても，現地での事業展開を通じて独特の経営資源を蓄積してくる．

　そもそも，企業の市場コンテクストは，特定の顧客，供給者，他の競争相手などとの長期的関係から成り立っている．企業はこれらの関係に部分的に組み込まれており，企業の組織能力は，これらの関係と独立して分析することはできない．つまり，ネットワーク理論では，企業の組織能力は，個人の知識や組織ルーチンの束だけではなく，ビジネス関係によってつながっている他の企業の組織能力も反映している．この意味は，企業の中で構築される組織能力の多くは，他の企業との関係から引き出されるだけではなく，組織能力の開発はかなりの部分，これらの関係の中で創り出されるのである．

　たとえば，富士フィルムとアメリカ企業のゼロックスの合弁企業である富士

ゼロックスは，小型の複写機の技術では親会社の能力を凌いでいた．日本市場という競争が激しく，また，顧客ニーズの厳しい環境で事業展開することで，小型の複写機技術が親会社に逆移転することが可能なまでに高められたのである．つまり，日本市場における顧客，競争企業との関係が，富士ゼロックスの経営資源を高度化させたといっても過言ではない．

子会社は，立ち上げ期を始め，その成長過程で親会社の影響を受けながら資源を蓄積するが，最終的には後者の影響，つまり，競争業者，顧客，サプライヤーとの関係を通じて資源を高度化して，たんなる親会社の戦略実行ツールとしてのポジションから脱却していくのである．

今まで議論してきた子会社能力の高度化の要因は，本社―子会社間関係と子会社―現地市場関係によるものである．もうひとつの，子会社の資源を高度化させる要因としては，現地環境のよりマクロ的要因がある．現地市場の規模，現地国の生産要素などの進出した国がもともともっている産業特性である．たとえば，日本企業が技術を小型化するのに優れているのは，日本の狭い住宅環境が技術開発に大きな影響を与えてきたからである．

このような子会社のもつ能力を前提にした，グローバルな競争優位性構築の議論が，1990年代に入ってから急激に増えてくる．その理由としては，独自性の高い経営資源を蓄積してきた子会社が多くなってきたというだけではない．とくにハイテク業界にいえることであるが，技術と市場が急激に変化する業界では，親会社がもつ単独の経営資源だけでは，環境に適応することが困難になってきたからであると考えられる．グローバル競争が激化すればするほど，子会社のもつ経営資源を連動させながら，グローバルに事業展開することが競争優位性構築の鍵になってきたのである．つまり，グローバル・グループ経営の台頭である．

❸. ネットワークとしてのグローバル企業

グローバル・グループ経営の鍵は，本社とは異なる多様な環境で事業展開し

ている子会社の能力を，いかにうまく活用してネットワークシナジーを創り出すかにある．グローバル企業というネットワークの中で，海外子会社の役割を捉える見方にはさまざまなものがある．まずは，グローバル企業というネットワークの中で子会社の役割やポジションを明確にするというものである．前章で議論した国内のグループ経営と同様に，ある特定の軸を開発し，子会社を分類するのである．

　たとえば，バートレットとゴシャール（Bartlet and Ghoshal, 1989）は，現地環境の戦略的重要性と子会社のもつ資源と能力という2つの軸から，海外子会社を4つのタイプに分類している（図表2-1）．戦略的リーダーとは，戦略的に重要なロケーションに位置し，なおかつ現地子会社のリソースや能力が高い子会社である．貢献者とは，戦略的にはさほど重要でないマーケットに進出しているが，その子会社自体が高い資源と能力をもっている子会社である．実行者とは，戦略的に重要でない市場で現地の事業を維持する以上の余剰能力がない子会社である．ブラックホールとは，戦略上重要な市場に進出しているにもかかわらず，その市場に適合する能力を所持していない子会社である．

　また，ホワイトとポインター（White and Poynter, 1984）は子会社の市場，製品，付加価値範囲をベースに，子会社をミニチュアレプリカ，マーケティン

図表2-1　海外子会社の分類

現地環境の戦略的重要性		
高	ブラックホール	戦略的リーダー
低	実行者	貢献者
	低	高
	現地子会社の資源・能力	

出所）Bartlet, C. A. and S. Ghoshal, 邦訳（1990：142）

グサテライト，ラショナライズ・マニュファクチャラー，プロダクトスペシャリスト，ストラテジック・インディペンデントの5つのタイプに分類している．ミニチュアレプリカとは，親会社のミニ版的なものであり，このタイプには，本国の製品やマーケティング手法を採用するアドプター（adopter），製品とマーケティング手法を現地適用型にするアドプター，関連新製品の開発と現地販売チャネルを最大限活用するイノベーター（innovator）の3つがある．

マーケティングサテライトとは，本国の製品をマーケティングの現地化によって販売するための子会社である．ラショナライズ・マニュファクチャラーは，本国からの製品に現地適用のためのパーツを取り付けることにより現地仕様製品にする子会社である．プロダクトスペシャリストは，ある範囲内の製品を複数国，もしくはグローバル市場向けに開発，生産し，市場に投入する子会社である．ストラテジック・インディペンデントとは，製品と事業戦略に関してもっとも高い自立性を有する子会社である．

しかし，現在，子会社がもっている能力や資源をベースに分類するというのは，現時点での子会社の経営資源を捉えているにすぎない．前述したように，子会社も現地環境への適応を通じて独自の資源を構築することになる．つまり，子会社自身の能力が進化していくことで，グローバル企業というネットワークの中での役割が変化していくということである．既存の子会社の分類研究では捉えることができない進化プロセスを分析するために台頭してきたのが，子会社の進化アプローチである．

たとえば，アンダーソンとホルムストロームは（Anderson and Holmstrom, 2000）は，ABBの子会社を調査し，センター・オブ・エクセレンス（以下，センター）になるためには，3段階のステップを踏む必要があると述べている．まずは，子会社が特別な知識を見出し，そして，その知識が他の子会社に対して特別な知識として位置づけられる第1段階，続いて，組織の中で非公式な役割を開発する第2段階，最後に，本社から許可を取り付けることで，非公式の役割を公式化し，センターとしての役割を与えられる第3段階．

彼らによると，この進化プロセスの中での子会社の重要な役割というのは，第1に，事業と技術開発において，他の子会社の競争力につながるような特別な知識を所持することである．第2の役割は，センターとして，事業や技術開発に参加して他の子会社を支援することであるとしている．しかし，2つの重要な役割は持続しないという．というのも，組織の中で知識が統合され共有化されると，センターの特別な知識はユニークではなくなるし，他のユニットに対しても必要性が薄らいでくるからである．つまり，子会社は絶えず新しい知識を開発し，変革しないかぎりセンターであり続けることはできないのである．換言するならば，学習し続けることで，連続したイノベーションの創発が求められているのである．

また，バーキンショーとフード（Birkinshaw and Hood, 1998）は，海外子会社の役割進化は本社からの役割指定，海外子会社の選択，現地環境決定論の3要素により大きな影響を受けるという．

図表2－2　海外子会社進化のフレームワーク

本社からの役割指定
・海外子会社への活動の配分は本社のマネジャーが決定

海外子会社の選択
・海外子会社における活動は海外子会社のマネジャーにより決定

現地環境決定論
・海外子会社における活動に関する本社および海外子会社のマネジャーの決定には，外部環境要因が影響

海外子会社の役割
・海外子会社が担当し責任をになう特定事業もしくはその要素に関するもの

出所）Birkinshaw, J. and N. Hood（1998：775）

進化に関する既存研究の共通の特徴は,子会社は段階的に機能を付加していくということである.たとえば,販売子会社も時間の経過とともに,現地での販売・製造機能を付加する.つぎには,製造・販売・マーケティング機能を付加し,最後には,販売・製造・研究開発などを備える戦略的子会社になるといわれている.

進化プロセスの研究は,最終的に子会社はグローバル企業というネットワークの中でポジションを高め,親会社と同等の機能を有する子会社に進化するというのが特徴である.バーレットとゴシャールの分類を参考にいえば,戦略的能力も高く,現地市場の重要性も高い場所にいる子会社は,最終的にグローバル企業というネットワークの中でセンターになるということである.つまり,グローバル企業というネットワークの中で,突出した資源と能力をもった子会社になるということである.

たとえば,3Mの日本子会社である住友スリーエムの使命は,3Mの商品をいかに日本向けに改良するかであった.事実,その使命をいままでにも十分に果たしてきた.本社が開発した製品でも,日本市場に受け入れられないとみるや,すぐに製品を変更し,日本仕様にしてから市場に導入してきた.本社が自動車の装飾用などに開発したデコラティブ・フィルムなど,その典型例である.このフィルムは,張りつけることによって内装を魅力的なものにする特殊な粘着づきのフィルムである.アメリカでは,開拓時代のノストラジクスを醸し出すため,木目用のフィルムが人気を博し,ワゴン車に頻繁に使用された.しかし,木目用のデザインのフィルムは,日本市場ではまったく受け入れられなかった.そのため,住友スリーエムでは,この製品を,内装や建築関係の業者に販売し,成功することになる.

また,本社が開発し,市場化に失敗した製品を,うまく他の分野に応用することで成功したケースもある.ポーラスフィルムがその例である.このフィルムは,通気性のある薄い素材が製品の特性であった.この素材をベースに外科の手術着も開発されたが,価格が高すぎ売れなかった.開発に時間がかかり,

開発費が予想以上にかさんだために，他の競合製品よりも価格を高めに設定しなくてはならず，アメリカ市場では競争力を構築することはできなかった．

住友スリーエムでは，このアメリカ市場では失敗した製品を他の市場に応用することで成功した．農家の人が，農薬をシャットアウトでき，しかも快適に動ける作業着を求めていたことから，このフィルムを農家の作業着に利用したのである．しかし，このポーラスフィルムの作業着には，汗のシミが付着しやすいという欠点があった．今度は，その欠点をうまく逆利用して，鼻の皮脂取り化粧品フィルムとして開発して市場で成功を収めている．

住友スリーエムの事例をみてわかるように，子会社の能力を高度化させるのが，前節で議論した現地国のもつ資源や現地事業環境のビジネスネットワークである．しかし，子会社がそれらの環境要因を利用することで，センターになるという意図がなければならないとし，バーキンショー（Birkinshaw, 2000）は，新たな促進要因として子会社自身の企業家推進力を主張している．

4. ネットワークのイノベーション

イノベーションや学習が競争優位性の源泉になるということは，組織論や戦略論ではかねてからいわれ続けてきた．もちろん，国際経営の分野でも，イノベーションや学習の機会の重要性は以前から指摘されてきた．しかし，国際経営の分野では，学習のアウトプットとしてグローバルなイノベーションを取り扱った研究の蓄積は，他の組織論や戦略論に比較すると圧倒的に少ないのが現状であろう．国際経営の分野でイノベーションの研究が比較的遅れていたのは，親会社がすべてのイノベーションセンターの起点になるという考え方が支配的だったからである．

しかし，昨今，グローバルなレベルで競争優位性を構築しているのは，親会社のイノベーションに依存するのではなく，グローバル企業というネットワークの中で，イノベーションを創造，普及させている企業である．たとえば，ノヒラとゴシャールは（Nohria and Ghoshal, 1997）は，9つの多国籍企業の38の

イノベーションを調査し，もはやイノベーションは本社によってのみ行われるものではないということを明らかにしている．

もともと，グローバル経営の分野で，グローバル・イノベーションのプロセス研究に先鞭をつけたのがバートレットとゴシャール（Bartlett and Ghoshal, 1989）のトランスナショナル企業の研究である．バートレットとゴシャールはイノベーションを，研究開発の専門化と規模の経済を達成するために，世界企業の主要能力は本社にあらねばならないという考え方の集中型イノベーション，各国のニーズに対応するための分散型イノベーション，世界各地の子会社のもっともクリエーティブな資源と開発能力を利用する現地活用型イノベーション，いくつかの海外子会社が協力してイノベーションを開発する世界結合型イノベーションの4つのタイプに分類している．

さらに，少数の事例企業の分析から，これら4つのイノベーション・モデルのメリットを凝縮したモデルとしてトランスナショナル・イノベーションという概念を提起している．

トランスナショナル・イノベーションでは，分散した子会社の能力を連結し，どこで発生したイノベーション機会でも利用することができるというものである．そして，トランスナショナル・イノベーションの特性として3つの企業特性を明らかにしている．組織単位間での資産と権限の相互依存，異なる組織単位を統合する強力な機構，そして確固とした企業理念と世界的展望をもつマネジメントの3つである．

たとえば，ジョンソン・アンド・ジョンソンは，本社に大規模な中央研究開発機関をもっていない．しかし，グローバルに張り巡らしたネットワークを活用し，欧州のベンチャー企業の開発能力を取り込むことで，使い捨てコンタクトレンズという画期的な製品開発に成功している．この事例などは，まさに，世界のあらゆるイノベーション機会を取り込むというトランスナショナル・イノベーションに該当するものであろう．

グローバル・イノベーションに情報処理理論の概念を使用することで，ルー

チンの製品開発プロセスを解明しようとしたのがサブラマニアムら (Subramaniam et al., 1998) の研究である．彼らは日米欧グローバル企業の13社のグローバル製品のインクリメンタル・イノベーションに分析を絞り込んでいる．彼らは事例調査から，海外市場または工場間で必要とされる異なった製品デザインについての知識が暗黙知的な場合，企業はクロスナショナルな製品開発チームを取り入れ，そして新しい製品コンセプトの源泉として海外子会社を活用することを発見している．

5. グローバル・グループ・マネジメント

いままでの議論から，子会社の能力を取り込みながらグローバル企業の競争優位性について議論している研究には，いくつかの流れがあることが理解できる．子会社の役割，能力を明確にしようとした子会社の分類研究．分類した子会社がどのように進化していくか，つまり，販売子会社から販売，製造，開発を備えたフル機能をもった子会社に進化していくプロセスを解明しようとした研究．そして，その子会社進化の最終局面になる戦略リーダーやセンター・オブ・エクセレンスといわれている子会社の組織能力の研究．グローバル企業というネットワークの中で創発されるイノベーションに着目した研究などである．

以上の研究の流れの中で，日本企業の子会社を研究の対象としたものは多くない．日本企業の海外子会社についての研究が，他の国の企業に比較して少ないのは，日本企業のもつグローバル戦略の歴史的特性と制度的要因が大きい．連結決算制度が早くから導入されている欧米では，子会社の資源を前提にグループ経営を展開するのは当然であった．実際，株主も本社単体の業績ではなく，グループ全体の業績をトータルとして評価する．

欧米企業では，子会社を含んだグローバル・グループ経営戦略を策定するのは当然のことなのである．欧米企業ではグループとしての戦略が明確であるため，ネットワークの中に多様な能力をもった子会社が育成され，グループ全体でのシナジー効果をうまく創造している企業が多い．

それに対して，1997年の連結決算制度が導入されるまで，日本企業は，本社単体で経営を展開してきた．そのため，子会社，とくに国内子会社は，人材の受け皿会社や，親会社の業績調整の場としてしか認識されていなかった．日本企業も昨今は，声高にグループ経営を標榜する企業が増えているが，伝統的には，グループ経営ではなく関係会社管理とよばれてきた．そこには，本社と子会社という階層的関係が歴然として存在していた．もちろん，日本企業の子会社にも，富士通のように親会社の富士電機を凌ぐグローバル企業に成長した例も存在する．

　しかし，これら成功した子会社の特徴は，親会社がその分野についてのマネジメント・ノウハウが乏しかったために，子会社の経営に介入しなかったことが成功の要因であるケースが多い．そこには子会社の自立を促し，その子会社の資源をグループ全体で活用するといった戦略性は皆無であった．

　もうひとつの日本企業の海外子会社研究が少ないもう一つの理由は，日本企業のグローバル展開の歴史に起因するものである．日本企業は，欧米企業とは異なり，多国籍企業として台頭してきたのは，1970年代以降である．多品種少量生産の技術が確立していたため，欧米企業のように現地に工場をつくり，グローバル化を進める必要性が少なかった．効率のよい場所で生産し，もっとも売れる国に輸出し，販売するというのが，日本型のグローバルモデルである．このモデルのもとでは，意思決定がすべて日本の本社でなされるため，子会社の自立性は著しく低くなる．実際，本社では，子会社のマネジメントおよび商品や知識の流れを厳しく管理しており，サポートは常に一方通行であった．

　このようなグローバル戦略のもとでは，子会社はたんなる親会社の戦略実行ツールとしてしか見なされない．事実，日本企業の海外子会社を調査した研究でも，日本企業の場合，新しい知識の源泉ともなる研究開発などのグローバル化はかなり遅れており，そのために，子会社から新しい知識のフィードバックを親会社が享受するということはごくわずかであった．

6. グローバル・グループ学習──本社改革の必要性──

　昨今のグローバル競争の激化で、日本企業も国内外の子会社の資源や能力を活用する仕組みづくりを模索し始めている。本社のもつ経営資源だけでは、今日の競争環境に適応することが困難になってきているからである。最近展開されているグループ経営のリストラを見ても、グループとしての事業ドメインを確定したうえで、子会社のもつ事業同士を合体させたり、親会社の事業に吸収したりする戦略を展開している。

　また、グループ戦略といった場合、かつては国内の主要子会社が対象であった。しかし、最近では、グループ経営を積極的に押し進めている企業などでは、海外子会社もグループ戦略の対象企業に取り込んでいる。そして、そのグループ経営の成果も、グループ全体での知の共有化をひとつの尺度としている企業が増えている。

　その意味で、日本企業もグローバルレベルの知の創出に関しては、いままでのような「親会社ベストシンドローム」的な発想を転換してきているのかもしれない。しかし、海外子会社の能力をより一層活用するためには、本社組織のグローバル化が必要不可欠である。実は、日本企業のグローバル化でもっとも遅れているのが本社のグローバル化である。

　本社の圧倒的な資源量が、子会社に必要な分権化を妨げる傾向があるからである。日本企業の場合、グループで高い収益を上げている企業があれば、すぐにその子会社の能力を他のグループ企業に使用できないかというシナジー追求に走ったり、本社の事業に取り込もうと考えたりする傾向がある。しかし、シナジーは簡単に創造することはできない。よくシナジー効果の成功事例としてGEグループの例が取り上げられる。GEキャピタルが、GEの航空エンジン事業の製品寿命や故障率データを活用することで、航空機リース事業においてほかに真似のできない優位性を構築している事例である。

　しかし、GEグループの例は、航空機エンジン事業もGEキャピタルも、と

もにその分野での市場シェアが高く，しかも，技術的ならびにマーケティングの優位性をもっているからこそシナジーが創造できるのである．弱い事業同士を単純に結びつけても，競争環境が厳しい今日では，シナジーを望むべくもない．

そのためにも，子会社だからということで，なんでもかんでも経営に介入するのではなく，グループ企業に置いてもシナジーが創り出させないのなら，むしろ，外部に出すことでその子会社の能力を活かすというようなペアレンティングという手法の導入も必要であろう．

ともあれ，グローバル・グループという組織能力を高めるためには，今までの日本企業の本社の役割を再度，見直すことが必要とされるのである．

演・習・問・題

問1　海外子会社の能力の高度化について説明しなさい．
問2　日本企業のグローバル経営の問題を説明しなさい．
問3　海外子会社の能力を捉える方法について説明しなさい．

参考文献

Andersson, M. and C. Holmstrom (2000) Chapter14 "The Dilemma of Developing a Centre of Excellence-A Case-study of ABB Generation", in Holm, U. and T. Pedersen (eds.) *The Emergence and Impact of MNC Centres of Excellence*, St. Martin's Press Inc.

Baliga, B. and A. Jaeger (1984) "Multinational Corporations：Control System and Delegation Issue", *Journal of International Business Studies*, Vol. 15, pp. 25-41.

Bartlett, C. A. and S. Ghoshal (1986) "Tap Your Subsidiaries for Global Research", *Harvard Business Review*, Nov-Des, Vol. 64, pp. 84-87.

Bartlett, C. A. and S. Ghoshal (1989) *Managing Across Borders：The Transnational Solution*, Harvard Business School Press.（吉原英樹監訳『地球市場時代の企業戦略』日本経済新聞社，1990年）

Birkinshaw, J. (2000) *Entrepreneurship in the Global Firms*, Sage.

Birkinshaw, J. and N. Fry (1998) "Subsidiary Initiatives to Development New Market", *Sloan Management Review*, Vol. 39, pp. 51-61.

Birkinshaw, J. and N. Hood (1998) "Multinational Subsidiary Evolution: Capability and Charter Change in Foreign-owned Subsidiary Companies", *Academy of Management Review*, Vol. 23, pp. 773-796.

Birkinshaw, J. (2000) *Entrepreneurship in the Global Firms*, Sage.

Crookell, H. and A. Morrison (1990) "Subsidiary Strategy in a Free Trade Environment", *Business Quarterly*, Vol. 55, pp. 33-39.

Delany, E. (2000) "Strategic Development of the Multinational Subsidiary through Subsidiary Initiative-taking", *Long Range Planning*, Vol. 33, pp. 220-245.

Hakansson, H. and I. Snehota (1989) "No Business is an Island: the Network Concept of Business Strategy", *Scandinavian Journal of Management*, Vol. 5, pp. 187-200.

Nohria, N. and S. Ghoshal (1997) *Differentiated Network*, Jossey-Base Publishers.

Porter, M. (1986) *Competition in Global Industry*, Harvard University Press. (土岐坤・中辻萬治・小野寺武夫訳『グローバル企業の競争戦略』ダイヤモンド社, 1989年)

Subramaniam, M., Rosenthal, S., and K. J. Hatten (1998) "Global New Product Development Process: Preliminary Finding and Research Proposition", *Journal of Management Studies*, Vol. 35, pp. 773-797.

White, R. E. and A. Poynter (1984) "Strategic for Foreign-owned Subsidiaries in Canada", *Business Quarterly*, Vol. 48, pp. 59-69.

江夏健一 (1984) 『多国籍企業要論』文眞堂

吉原英樹 (1992) 『富士ゼロックスの奇跡』東洋経済新報社

吉原英樹・林吉郎・安室憲一 (1988) 『日本企業のグローバル経営』東洋経済新報社

《推薦図書》

1. Ghoshal, S. and Westney, D. E. (eds.) (1993) *Organization Theory and the*

Multinational Corporation, Houndmills：St. Martin's Press.（江夏健一監訳『組織理論と多国籍企業』文眞堂，1998年）

   　組織理論と多国籍企業の関係を明らかにした書である．
2. Bartlett, C. A. and Ghoshal, S.（1989）*Transnational Managemnt*, The McGraw-Hill.（梅津祐良訳『MBAのグローバル経営』日本能率協会，1992年）

   　欧米日企業の戦略行動を分析し，トランスナショナル組織という新しい概念を提起している書である．
3. Casson, M.（2000）*Economics of International Business*, Edward Elgar.（江夏健一・桑名義晴・大東和武司訳『国際ビジネス・エコノミクス』文眞堂，2005年）

   　国際ビジネス研究の新しい課題を提示するとともに，その方向性を探ろうとした書である．

第3章の要約

　本章では，グループ経営のメリットや競争優位性について解説する．1.の「単独経営の時代から連結経営の時代へ」では，企業経営が単独から連結へ大きくシフトしている背景について説明する．2.の「メリハリのあるグループ経営」では，コングロマリット型のグループ経営について言及する．3.の「グループ経営とシナジー」では，グループ経営によって得られるメリットや優位性について触れる．4.の「グループ・リストラクチャリング」では，グループ経営における事業領域の類型化など，グループ経営の競争力について触れる．

第3章　グループ経営と競争優位

1. 単独経営の時代から連結経営の時代へ

　複数の事業を営む総合メーカーあるいは複合企業体を指すコングロマリット企業の経営が新たなステージを迎えている．それは，親会社の単独経営から親子による連結経営へのシフトである．「グループ経営」または「グローバル・グループ経営」ともよばれる連結経営は，個別の事業で蓄積した知識・ノウハウを単独で利用したり，親会社の充足を目的とするペアレント・プレミアムの追求とは異なり，単独経営では得ることのできないグループ・プレミアムの獲得や知識・ノウハウをグループメンバーが相互で共有しながら，革新的なイノベーションの生起，卓越した競争力の創造に主眼が置かれた経営スタイルである．

　学習者の中には，グループ経営というと，銀行や商社を中心に各メンバーがそれぞれの株式を相互に持ち合う系列集団や○○財閥ともよばれる企業集団を連想する方も少なくあるまい．そして，もしそうならば，新しい経営スタイルであると取り立てて声を大にするほどではないと反論する方もいるに違いない．たしかに系列や企業集団もまた，グループ経営のひとつのスタイルであるといってもかまわない．ところが，この種のグループ経営は，伝統的な経営制度の踏襲や企業集団を形成し，お互いに守り合う防衛のための手段としての色彩が強い．これに対し，今日のグループ経営とは，グループ企業が一丸となってグループ価値の向上を図り，グループ全体で競争優位を獲得する戦略的でダイナミックな経営手段であるという違いがある．

　グループ企業が一丸となって競争優位の構築を目指すグループ経営の重要性が拡大したその背景として，ここでは2つの点を挙げてみよう．

　ひとつ目の背景は，連結会計，キャッシュフロー会計，時価会計などを含む新会計基準（会計ビッグバン）の導入が挙げられる．長い間，日本企業は親会社中心主義であった．つまり，親会社と子会社の関係において親会社の業績の

みに焦点が置かれ，子会社や関連会社の業績は二の次とされてきた．このため，親会社は子会社や関連会社を自らの利益を捻出する受け皿や緩衝器（バッファー）として大いに利用してきた．ところが，2000年3月に導入された新会計基準により，従来までの親会社中心主義から親子連結による企業経営への移行を余儀なくされた．こうして日本企業は，現在，上場子会社を非公開化することでグループ価値の向上を図ったり，あるいは連結対象の子会社，関連会社群の選別・強化をますます強めている．

もうひとつの背景は，企業価値の向上が挙げられる．企業価値とは，いわば，自社の株価や時価総額の水準を意味するものである．このため，企業価値が高ければ，株主価値への貢献，自社に有利な条件で資金調達が可能となるのみならず，他者からの敵対的買収のリスクを回避したり，逆に自社によるM&Aを有利に展開することが可能となる．一方，企業価値が低ければ，株主利益の軽視，資金調達の困難に加え，乗っ取り屋による敵対的買収の危機に曝されるのである．

ところで，日本と欧米におけるグループ経営に対する考え方は，つぎのような点で大きく異なる（図表3-1参照）．まず，日本型グループ経営の特徴とは，親会社の出資比率が薄い子会社，関連会社を数多く抱えていることである．子会社，関連会社への出資ルートはグループ内・外に広く開いているため，グループ内で上場する子会社，関係会社が多数存在する．日本型グループ経営の考え方とは，親会社が子会社，関連会社を公開または上場することで高いキャピタル・ゲイン（上場による売却益）を獲得しながら，新たな成長分野に投資

図表3-1　グループ資本政策の国際比較

	日　本	欧　米
親会社出資比率	薄　い	厚　い
子会社への出資範囲	広　い	狭　い
出資ルート	開いている	閉じている

出所）寺澤直樹（2000）をもとに作成

する元本と考えたり，子会社，関連会社による独自の資金調達の推進や優秀な人材の確保を目的としている．

一方，欧米型のグループ経営の特徴とは，親会社の出資比率が100％保有を基本としている．子会社，関連会社への出資ルートも原則的に親会社へ限定されているため，グループ内で上場する子会社，関係会社はほとんど存在しない．連結決算とグループ経営が常識である欧米企業では，子会社，関連会社の公開化または上場化とは，企業の財産を公に売り渡す（sell to public）ことを意味するため，親会社の利益や資金そして経営資源を自由に扱うことをむずかしくするだけでなく，株主たちの利益も大きく損ねることからも慎重な対応が取られるのである．

2. メリハリのあるグループ経営

企業価値や株主重視の経営がより一層強まる中，日本企業において外国人株主の存在はもはや軽視することができなくなりつつある．また，金融機関の破綻に伴い伝統的な株式の相互持合いはもはや崩壊したともいわれている．さらに，近年のライブドアによるニッポン放送を巡る買収劇が象徴するとおり，国内ではごく稀であった企業を力ずくで買い取る敵対的買収という戦略手段の一般化が日に日に強まってきている．商法の改正に伴い，多額の買収資金を必要としない株式交換制度による企業買収も可能となってきた．こうした中，将来のグループ経営を考えると，子会社，関連会社を自立させるメリットとデメリットを十分認識したうえで，親会社はグループ企業の統治を実施しなければならない．つまり，グループ内の子会社，関連会社の戦略的重要性をよく吟味しながら，その重要度合いに応じて出資比率の具合を決定・調整し，メリハリのあるグループ経営の展開が望まれている．

高度に多角化された総合メーカーやコングロマリット企業のグループ経営について触れてみよう．この種のグループ経営は主に2つのタイプが挙げられる．ひとつはグループメンバー間の因果関係は低いものの，個々のメンバーの能力

はきわめて高い個により形成されたグループ経営であり，もうひとつはグループメンバー同士の因果関係はきわめて高いものの，メンバーの能力はそれぞれ格差がある個により形成されたグループ経営である．

関連性の薄い強い個から構成されたグループ経営は，いうなれば非関連多角化型のグループ経営といってもよい．このタイプの特徴とは，将来性の高い事業を多数所有しているものの，事業間の因果関係は低く連結の経済性やシナジーは期待できない．このタイプに該当する企業としては，米国を代表するコングロマリット企業であるGEがあげられる．GEでは，1980年代世界市場でナンバー1かナンバー2の事業以外は，基本的に売却の対象とする事業の再構築を行い，ドラスティックに企業競争力を再生させたことは記憶にまだ新しい．

一方，個々の能力には格差があるものの，メンバー同士の関係性の格差が高い個から構成されたグループ経営は，関連多角化型のグループ経営であるといってもかまわない．このタイプの特徴は，成長事業と成熟事業など相互に格差はみられるものの，事業間における因果関係は高くネットワークの経済性やシナジーを期待することができる．このタイプに該当する企業として，ソニーのケースが挙げられる．同社では，GEのように成熟事業を一挙に切り捨てるようなことはせず，むしろ，成熟事業と成長事業をうまく統合してシナジーを生み出すマネジメントを展開している．現在のソニーでは，インターネット，放送，プロバイダーなど「プラットホーム事業」と端末，コンテンツなど「エレクトロニクス事業」が相乗作用を生み出すことに主眼が置かれているのである．

3. グループ経営とシナジー

グループ経営によって得られるメリットまたは優位性には，少なくとも3つのポイントが挙げられる．

第1のポイントは，グループ・コストダウン（group cost down）である．これはグループ企業が物流，エネルギー，通信費，保険，人材派遣，購買などを

共同して行い，資源の多重利用や間接費の削減を実現するものである．たとえば，グループ企業が所有する物流センターを相互に共用すれば，物流費が大幅に削減できる．また，物流センターから販売会社までの配送も共同で行えば，配送コストも大幅に低下できる．人材派遣についても，従来のように個別企業ごとの対応からグループで一括して契約すれば，コスト削減や効率化を図ることができる．さらに，資材や原材料等を個別に対応するよりも，グループでまとめて共同購入すれば，調達コストを大幅に低減できるのである．

第2のポイントは，グループ・ブランディング（group branding）である．最近のマーケティングでは，ブランドの重要性が日増しに強まっている．というのも，最近の製品競争をみると，製品やサービスの同質化が著しく，他社にない差別化が非常に困難となってきている．このため，競争の本質が独自性の高い製品やサービスによる競争から，コーポレート（企業）の強力なブランドによる競争へ変化してきているのである．「ヒト」「モノ」「カネ」「情報・ノウハウ」に次ぐ第5の資源あるいは企業の無形資産とも定義されるブランドのひとつの考え方にブランド拡張がある．これは，ある成功した製品のブランドをその他の製品カテゴリーまで広げて多重利用することであるが，こうしたブランド拡張の考え方は，そのままグループ・ブランディングに適応することが可能である．つまり，グループ・ブランディングとは，親会社が所有する強いブランド・ネーム（ロゴやスローガンなど）を子会社群が親会社へ一定のブランド使用料を支払うものであり，これにより，親会社は子会社群から一定の使用料収入を入手できる一方，子会社群は，親の強いブランドを活用して国内外の厳しい企業間競争で優位性を獲得できるのである．

第3のポイントは　グループ・ナレッジシェアリング（group knowledge sharing）である．これはグループ企業に眠っている知識・ノウハウを掘り起こしてグループ全体で使い回したり，あるいはグループが一体となって研究開発を行い，優れたイノベーションを生み出すことである．たとえば，日本企業でもっとも進んだグループ経営を展開するといっても過言ではない日立グルー

プでは,「グループ先端・基盤研究制度」を導入している．これは，グループ企業に研究開発費を負担させ，グループの先端研究（将来事業の開発）とグループの基盤研究（共通基盤技術の開発）を行うものである．そして，ここで創造されたユニークな新事業または新技術は，特許として親会社が登録し管理する一方，グループ企業は無償でこれらの新事業または新技術を活用することができる．このように日立グループでは，グループ全体で2,080件（2004年，米国での特許登録件数）にもおよぶ特許をグループで共同活用することで，グループ全体の統合とグループ・イノベーションの創造に取り組んでいる．

グループ経営とは，一言でいうとシナジーの追求であると定義してもかまわない．総合メーカーやコングロマリット企業が目指すのは，グループ各社がそれぞれ勝手な方向に向かって自立的な成長を遂げたり，個別に蓄積した知識・ノウハウを単独で利用したりすることではない．これでは，総合メーカーやコングロマリット企業が潜在的に有する能力を十二分に生かしきれているとはいえない．

高度に多角化が進んだ企業が相対的に有する競争優位とは，グループメンバーが個々に培った知識・ノウハウ，または流通チャネルやマーケティング手法をグループ各社で横断的に活用したり，あるいはグループ力を結集して圧倒的なイノベーションを創発できる総合力であり，いわばシナジーを生み出す経営である．グループ経営の本質とは，すなわち，シナジー経営であることに他ならないのである．

シナジー (synergy) は，複数の事業ユニットや企業が協力することで個別に仕事をするよりも大きな価値を生み出すことであると定義される．共力作用，相助作用，相乗効果とも訳され，経営戦略論のテキストではよく「1 + 1 = 2」ではなく「1 + 1 ＞ 2」，あるいは「1 + 1 = 3」とも表現されている．

最初に「1 + 1 = 2」という効果は，補完効果，相補効果ともよばれている．これは，2つをあわせて一人前であり，1だけでは有効ではないため，もうひとつが必要となる考え方である．つまり，2つが補完し合うことではじめて完

全となる効果である．たとえば，スキー・リゾートホテルの場合，冬場は商売できるが夏場は閑散期となる．このため，テニスコートやゴルフ場を作り，年間を通じて安定した利益を確保しようとする．つまり，スキー施設とリゾート施設をあわせて，はじめて通年安定した収益を確保できる施設となるのである（伊丹，1984）．

これに対し，「1＋1＞2」「1＋1＝3」を意味するシナジーは，1と1を合わせると，より大きな効果が働いて2以上または3となる考え方である．つまり，個別の1と1の組み合わせから，より高い効果が生まれることである．たとえば，共通のチャネルや物流から生まれる販売シナジー，施設の従業員，間接コストの分散から生まれる生産シナジー，工場や機械，研究開発コストの共通利用から生まれる投資シナジー，成功した経営手法を使いまわす管理シナジーなどが挙げられる（Ansoff, H. I., 1965）．

シナジーは，経営戦略論のうち多角化戦略のパートでよく引き合いに出される言葉として有名である．一般に多角化戦略とは，既存の製品や市場に関連する分野へ多角化する「関連多角化」と，既存の製品や市場と全く関連のない分野へ多角化する「非関連多角化」に大別されるが，この際，「非関連多角化」よりも「関連多角化」を実施する企業の方が成功の確率や収益性が高いといわれている．というのも，既存の製品や市場と関連する分野へ多角化する場合，既存の製品や市場で培った知識・ノウハウを応用または転化できるというシナジー効果が生まれるのに比べ，非関連多角化では相乗効果が働かないからであるといわれている．

このようなシナジー効果で注意すべき点は，親会社の戦略スタッフがシナジーを労なく開発できるものとしてとらえ，多大なコストがかかる部分を見逃していることである．つまり，多様な事業やビジネスをもっていれば，即座にグループシナジーが生まれるというものではない．流通チャネルやマーケティング手法を共同利用したり，知識・ノウハウをグループで横断的に共有するには，まず，グループ各社のコア・スタッフたちの濃密な議論や情報交換の場を

設けることが必要である．そして，当然ではあるが，この種の人的な相互作用は無料で獲得できるものではなく，必ず費用がかかるものである．また，グループ各社がそれぞれ蓄積してきた知識・ノウハウを横断的に多重利用する場合にも，知識・ノウハウの探索に加えて，システム開発やドキュメント化に伴うコストの負担が必要となる．したがって，グループシナジーの開発を考える場合，生み出されたシナジーのみならず，そのために費やされたシナジーコストを十分に考慮することが求められる．このようにマネジャーがシナジー効果を過大評価する一方，シナジーにかかるコストを過小評価する傾向に陥ることをシナジーバイアスとよんでいる．

最後に，プラスの効果を意味するシナジーに対して，「1 + 1 = 0」というマイナスの効果をアナジーとよんでいる．アナジー（anergy）は，相互マイナス効果ともいい表せるものであり，たとえば，それぞれ異なる事業の無理な統合は，協働意欲の喪失，協働目的の曖昧化，協働を調整するコストが高くつくという理由から，かえってマイナス・シナジーを生み出すものであり，このため，シナジー活動が形骸化し失敗に終わるケースも少なくない．また，シナジー効果を目的とした企業買収（M&A）であったにもかかわらず，残念ながら失敗に終わり，著しく企業価値を低下させることがある．それは買収側企業と被買収側企業における社風や企業文化の適合性があまりにも低いため，組織統合できなかったからである．このようなシナジー効果を目的とする企業買収の失敗はシナジートラップともよばれている．

4. グループ・リストラクチャリング

総合メーカーやコングロマリット企業を巡る企業間競争が親会社中心の競争から親子を連結するグループ経営の競争へ移行する中，親会社はグループ各社を統合する役割が求められている．親会社はまた，個々の子会社，関連会社の利益よりもグループ全体の利益を優先する全体最適を重視しなければならない．親会社は，仮に業績の高い子会社，関連会社であっても，グループ全体の利益

に貢献しない場合，これらの子会社，関連会社の株式や資産を売却し，グループ全体に相乗効果を与えうる成長分野のための資金とするという大胆かつ積極的なマネジメント能力が求められるのである．一方，子会社，関連会社は，グループ全体の企業価値の向上に貢献するため，親会社の方針のもと，全体最適よりも個々の利益の最大化の追求がもっとも重要である．これは，個別最適あるいは部分最適ともよばれるものであり，子会社，関連会社は，グループ全体の前にそれぞれのリターンの最大化を追求すべきである．したがって，グループ価値の最大化，グループ・プレミアムの追求の意味とは，親会社による全体最適の追求と子会社，関連会社による個別最適の追求という2つの目的の実現化であるにほかならない．全体と個のハーモナイズから生まれるダイナミズムこそ，グループ経営から得られる最大の果実なのである．

　全体最適を追求する親会社のグループ経営担当者たちは，グループ各社とグループ全体の取り組みという個と全体のバランスに加え，既存事業と将来事業のバランスに焦点を当てながら，グループにおける最適なビジネス・ミックスを決定しなければならない．グループにおけるビジネス・ミックスは，下記のようなビジネス・ポートフォリオ分析を通じて，グループ各社における重複事業の回避とグループ内における経営資源の集中と分散のバランスが実現できるのである．グループ各社ごとに推進する事業分野ないしグループ全体で総合力を発揮する事業分野をタテ軸とする一方，拡大を目的とした既存事業または開発を目的とした将来事業をヨコ軸とすると，ビジネス・ポートフォリオ分析は，図表3-2のようになる．

　①のセルは，グループ各社ごとに既存事業の拡大を目的とした事業領域である．②のセルは，グループ全体で総合力を発揮しながら既存事業の拡大を目的とした事業領域である．③のセルは，グループ各社ごとに将来事業の開発を目的とした事業領域である．④のセルは，グループ全体で総合力を発揮しながら，将来事業の開発を目的とした事業領域である．これら4つの事業バランスの最適化こそ，グループ経営担当者に与えられた重要な使命のひとつで

図表３−２　グループ経営における資源集中と分散

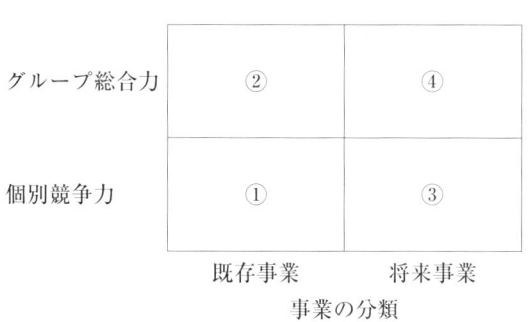

	既存事業	将来事業
グループ総合力	②	④
個別競争力	①	③

事業の分類

ある．

　グループ経営を成功させるため，親会社は，つぎのような２つの異なる力が同時にかつ均等に作用するように努めるべきである．ひとつは，親会社から子会社へ向けた遠心力の開発である．通常，子会社は成長するに従い自立するアプローチを辿るものである．子会社は，時間の経過とともにユニークな経営資源の蓄積や独自のマネジメント能力を身に着けてゆく．子会社の成長は一方で親会社からの自立を意味するものであるが，親会社はこうした子会社の自然な動きを抑制するより，むしろ，自立化に対して強く支援すべきである．つまり，親会社は子会社の自立化という遠心力を開発して積極的に子会社を強化し，グループ全体の企業価値を高めるべきである．もうひとつは，親会社から子会社に対する求心力の開発である．子会社が成長し自立の度合いが強まると，子会社は自分たちの個別利益を次第に追求するようになる．ところが，子会社の個別利益の追求がグループ全体の利益からみて必ずしも最適とは限らない．個別にとって最適な行動やふるまいが，かえってグループ全体の競争力低下や不利益を招く場合もあるからである．このため，親会社は，グループ全体の利益を念頭に置きながら，グループ・ビジョンやグループ目標という求心力を開発し子会社を束ね統合する必要がある．

日立グループのグループ経営

　日本企業でもっともグループ経営に力を入れている総合メーカーとして，日立グループが挙げられる．"この〜木なんの木，気になる木"というグループ・コマーシャルでもお馴染みの日立グループは，早くからグループ各社の自主独立経営を奨励してきた．グループ各社は，親会社である日立製作所に依存することなく，上場して自立した経営を行うことが美徳とされてきたのである．ところが時代が進むに連れ，グループ各社による事業や資源の重複，グループ各社の業績に著しいバラツキがみられるという深刻な問題が浮上した．顕在化したグループ各社における事業または資源の重複を見直しながら，グループ内に眠っている優れた知識・ノウハウを発掘し，グループ全体で利用する総合力による経営を推進し，グループ価値の向上を目指すため，最初に親会社の日立製作所と連結対象企業との関係性から，グループ各社を3つのグループに分類し整理した．「マネジメント連結会社」は，シナジー追求のため，戦略の立案や一部の事業運営で親会社と連携する会社であり，たとえば，日立情報システム，日立ソフトエンジニアリングなど，連結対象企業全体の約6割弱が含まれている．「ビジョン連結会社」は，グループの一員としてビジョンやブランドを共有するが，経営は自主独立であり，日立金属，日立化成工業，日立電線など上場子会社を含む約4割がこれに該当する．「フィナンシャル連結会社」は，単に財務面だけでつながっているグループであり，連結度合いが低いごく少数の企業群が含まれる．

　また，2004年4月，自主独創の精神を尊重しつつ，意思のある統合経営をテーマとする「グループ戦略本部」を新設し，グループ連携の加速化に踏み出した．グループの再生を担う「グループ戦略本部」は，「G-法務・コミュニケーション部門」「G-経営戦略部門」から構成され，戦略スタッフは約120名を擁し，グループ戦略の立案と実行を主要な任務としている．

　こうした日立グループの取り組みは，日本の総合メーカーやコングロマリット企業の手本として，熱い注目を集めている．

演・習・問・題

問1　グループ経営の背景について述べなさい．
問2　日本型グループ経営と欧米型グループ経営の違いについて述べなさい．
問3　グループ経営資源の集中と分散について説明しなさい．

参考文献

Ansoff, H. I. (1965) *Corporate Strategy*, McGraw-Hill.（広田寿亮訳『企業戦略論』産能短大出版部, 1969 年）

伊丹敬之（1984）『新経営戦略の論理』日本経済新聞社

寺澤直樹（2000）『グループ経営の実際』日本経済新聞社

《 推薦図書 》

1. 井口嘉則・三浦克人（1999）『グループ連結戦略テキスト』日本能率協会マネジメントセンター

    グループ経営の全般に関する詳しい解説に加え，具体的な事例を盛り込んだ書．

2. 伊藤邦雄（1999）『グループ連結経営』日本経済新聞社

    グループ連結経営の重要性について，グループの戦略から会計までを網羅し詳細に解説．

3. 寺沢直樹（2000）『グループ経営の実際』日本経済新聞社

    連結経営とは何か，グループ経営への移行，グループ組織や業績評価などの基礎が学べる書．

4. 小沼靖（2002）『日本企業型グループ・リストラクチャリング』ダイヤモンド社

    多角化した日本企業のグループ・レベルの企業再編と企業価値の創造について触れた書．

5. 藤井耐・松崎和久（2004）『日本企業のグループ経営と学習』同文舘

    日本企業のグループ経営とグループ学習の実態について実証研究を行い取りまとめた書．

第4章の要約

　本章では，蓄積と組み合わせという2つの概念を用いて，日本企業と米国企業のグループ経営の違いについて説明する．1. の「「蓄積」の日本と「組み合わせ」のアメリカ」では，アーキテクチャー戦略について言及する．2. の「「蓄積」と「組み合わせ」のグループ経営」では，新規事業の重要性と既存事業の重要性という尺度から，2つのグループ経営について説明する．3. の「バリューチェーン型グループ経営」では，シナジー志向のグループ経営とインストールベースのビジネスモデルについて説明する．

第4章　グループ経営の国際比較

1. 「蓄積」の日本と「組み合わせ」のアメリカ

　最近，日本企業と米国企業の経営比較について，新しい概念が提示されるようになった．第1にアーキテクチャーという視点から，日米の経営の違いについて説明した藤本の指摘を取り上げてみよう．自動車産業の研究で世界的に著名な藤本 (2004) によると，アーキテクチャーとは，モノづくりにおいて製品や工程の基本的な「設計思想」を意味する．アーキテクチャーには，部品設計を相互調整し，製品ごとに最適設計しないと製品本体の性能がでない「擦り合わせ」または「インテグラル」とよばれるタイプと，部品の接合部（インターフェイス）が標準化しているため，これらを寄せ集めれば多様な製品ができる「組み合わせ」や「寄せ集め」または「モジュラー」とよばれる2つのタイプに区別できる．擦り合わせ型の主な製品としては，自動車，小型デジタル家電が挙げられ，組み合わせ型の製品には，パソコン本体やシステムが該当する．

　藤本は，アーキテクチャーの日米企業の違いについて，つぎのように表している（図表4-1）．ヨコ軸に製品のタイプが「擦り合わせ型」または「組み合わせ型」，一方，タテ軸に部品が自社内で基本設計されたクローズドな「囲い込み型」あるいは基本設計がオープンな「業界標準型」をそれぞれ取ると，アーキテクチャー戦略は，クローズド・インテグラルとオープン・モジュラーに大きく分類することが可能である．

　藤本によると，20世紀のアメリカ企業が得意としてきたアーキテクチャー戦略は，オープン・モジュラー型であるという．アメリカ企業がオープン・モジュラー型である背景には，アメリカの組織伝統が強く影響しているものと考えられる．つまり，アメリカ社会は，もともと「優秀な人同士を組み合わせてスピーディーにパワーを出す」モジュラー社会なのである（藤本，2004）．そして，このようなアメリカのモジュラー的な部分や気質を示す事例は，数多く観察することができる．たとえば，その片鱗は南北戦争（1861～65）まで歴史を

第4章 グループ経営の国際比較

図表4-1 アーキテクチャー戦略のタイプ

	擦り合わせ	組み合わせ
囲い込み	クローズド・インテグラル（日本企業）	
業界標準		オープン・モジュラー（アメリカ企業）

出所）藤本隆宏（2004）を参考に作成

遡ることができる．この戦争で生まれたイノベーションのひとつに互換性のある部品（inter-changeable parts）がある．アメリカの戦争では，広大な大陸を移動するため，軽くて信頼性の高い小銃武器の開発が行われたが，この際，小銃武器に何らかの故障や不具合が発生したとき，その場で瞬時に対処できるよう，互換性のある部品の大量生産が求められた．同時に互換性のある部品を大量生産するため，ジグや工具，マイクロメータ，リミット・ゲージ等の精密測定器を開発し，これにより標準化技術を完成させた．こうした互換性のある部品を大量に生産するための設計思想は，アメリカのオープン・モジュラー型の根拠のひとつに数えられる．また，アメリカという国家は，過去，優秀な移民たちを大量に受け入れて成立した国であり，このため，多種多様な民族が共存する国家である．こうした異質性を高度に内包する国では，なるべくマニュアルを発達させて同質性を高めようとする努力が働く．ひとつのエピソードとして，ここでは，マニュアルを取り上げてみよう．アメリカ陸軍は，第2次世界大戦が始まる直前まで徴兵制を行わなかった．このため，開戦後，数百万人の軍隊経験のない若者が集められたが，こうした若者を兵士に育て上げるため，軍は豊富なフィールド・マニュアルを作成し，即戦力を生み出し精鋭化したという（佐藤，2003）．このように，アメリカ企業の特徴であるオープン・モジュラー型とは，アメリカの組織伝統が歴史的にも本質的にもモジュラー的な社会のため，きわめて相性がよかったと考えられるのである．

一方，20世紀後半の日本企業が得意としたアーキテクチャーは，クローズド・インテグラル型であるという．クローズド・インテグラルとは，ごく限定された（囲い込まれた）優れたプレイヤーたちが「あうんの呼吸」「ツーカーの関係」「濃密なコミュニケーション」「緊密な調整」「幅広い情報共有」という組織能力を発揮する統合型のモノづくりシステムである（藤本，2004）．つまり，限られた少数のチームまたは集団内における緊密性を高めながら，一気に問題解決を図るアーキテクチャーであり，日本企業の生産現場における競争力の源泉であるといわれている．そして，このようなクローズド・インテグラルは，現場主義または人本主義，集団志向，タイトな企業間関係，コンセンサスによるリーダーシップ，ムラ社会など，日本の組織伝統ときわめて相性のよい戦略パターンであったものと考えられる．

　こうした藤本の指摘に対して，これとは違った見方をする論者もまた存在する．国領（1995）は，日本企業の得意な戦略を「囲い込み型経営」とよび，このような閉じた戦略から，アメリカ企業のような外部資源と標準インターフェイスの徹底活用やアウトソーシング，戦略提携やM&Aの積極的展開を特徴とするオープン経営またはオープン・アーキテクチャー戦略へ転換すべき必要性があると主張している．おそらく，この結論はクローズド型かオープン型かのいずれかを取捨選択するものではなく，どちらの戦略パターンも不可欠なものであり，これを複眼的に使い分ける器用さと柔軟性という組織能力を企業がもちえることが，もっとも重要であるに違いない．

　ここでアーキテクチャーという考え方を別の概念から説明した優れた研究を紹介しよう．三品（1997）は，日米経営を「蓄積」と「組み合わせ」という概念を用いて，つぎのように説明している（図表4－2）．

　日本企業は，いわば「蓄積」の経営である．これは，ヒトが時間の経過に伴い，経験（学習）を積み重ねて生産性を上昇させるプロセスに他ならない．このため，経験を蓄積する主体がヒトである以上，年功序列制度を通じて長期安定雇用が確保されるとともに，現場が重視される．これに対し，米国企業は

図表4－2 「蓄積」の経営と「組み合わせ」の経営の比較

	蓄　積	組み合わせ
生産性の向上	経験の蓄積	トレード・入れ替え
雇用の流動性	低　い	高　い
雇用システム	クローズド	オープン
組織の役割	経験をためる器	殻のような存在
過去に対する態度	過去を肯定する	過去を否定する

出所）三品和宏（1997）を参考に作成

「組み合わせ」の経営である．これは，時間の経過ではなく，ヒトがトレードや入れ替わることで生産性を上昇させるプロセスである．つまり，既存のコア・メンバーの力を引き出し，化学反応を生じさせてくれるような他のメンバーを見つけるため，適宜，チームメンバーの入れ替えを図りながら，新しいチームの組み合わせを試す経営である．

　三品によると，「蓄積」の経営と「組み合わせ」の経営には，つぎのような視点で大きな違いがあるものと論じている．ひとつは，ヒトの流動性である．蓄積の経営では，ヒトが企業内に留まるため，企業はいわば経験を溜める器のような存在であるのに比べ，組み合わせの経営では，ヒトは企業の内外を出入りするため，企業はいわば殻のような存在に過ぎない．もうひとつは，過去に対する態度である．蓄積の経営では，経験の積み重ねを重視するため，過去を肯定するのに対し，組み合わせの経営は，ヒトの入れ替えを重視するため，いわば過去を否定するという違いがある．

　三品の指摘を要約すると，蓄積の経営とは，限定された構成員による経験（学習）を通じたイノベーション・プロセスであるといってもよい．つまり，特定のヒトたちによる経験と学習の積み重ねこそ競争優位の源泉なのである．一方，組み合わせの経営とは，柔軟にヒトを組み替えながら組織を活性化させるイノベーション・プロセスである．したがって，優れた人材をオープンにみつけ，そして，ヒトの組み換えから生じる化学反応こそ競争優位の源泉であるといえるだろう．

2. 「蓄積」と「組み合わせ」のグループ経営

「蓄積」と「組み合わせ」という概念の違いは，日米のグループ経営のあり方の違いもまた指すものである．最初にグループ経営の類型化について触れてみよう．タテ軸に新規事業の重要性，ヨコ軸に既存事業の重要性をそれぞれ取ると，グループ経営は大きく3つのスタイルに類型化できる（図表4-3）．

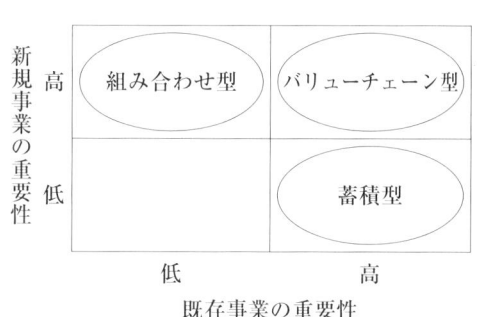

図表4-3　グループ経営の類型化

	既存事業の重要性 低	既存事業の重要性 高
新規事業の重要性 高	組み合わせ型	バリューチェーン型
新規事業の重要性 低		蓄積型

第1のスタイルは，新規事業の重要性が高く，既存事業の重要性が低いセルに該当する「組み合わせ型グループ経営」である．これは，グループを担う構成要素について，収益率が低下した既存事業や成熟した既存事業を切り捨てて，将来的に高いリターンや成長が見込まれる新規事業を新たに抱え込むグループ経営である．つまり，将来性やリターンの見込まれる新規事業をベースにグループを構成する概念である．

組み合わせ型グループ経営という発想は，主に米国企業が採用するアプローチである．すでに指摘したとおり，米国企業は，ヒトや知識といった経営資源の組み合わせを重視する．成否はともかく，多角化戦略の考え方としては既存事業の延長線上ではなく，高い利益が見込まれる非関連分野へ進出するケースが多い．さらに事業の選択，資源価値の見極めや資源配分の手法であるプロダ

クト・ポートフォリオ・マネジメント（Product Portfolio Management：PPM）を開発し，最大限利用してきた．

米国流の組み合わせ型グループ経営の典型的な事例として，異なる事業から構成された複合企業体を意味するコングロマリット企業GEが挙げられる．GEは，もともと発明王として有名なトーマス・エジソンが白熱電球を実用化するために設立したエジソン・エレクトリック・ライト・カンパニーを起源とする製造企業であった．ところが，これまでポートフォリオ型の組み合わせ管理を展開し成長してきたことから，今日における事業構成は，伝統的な家電や重電という製造部門よりも金融や放送というサービス部門のウエイトが著しく増加している．つまり，今日のGEは，すでに当初の製造企業から大きく転換し，サービス業を中心とした多事業企業体へ変貌を遂げているのである．これは投資または買収というポジティブな行動と戦略的な事業撤退および売却というネガティブな行動を同時並行的にスパイラル・アップしてきたその証左である．GEの組織能力とは，強いリーダーシップを通じた新陳代謝能力に隠されているといってもよい．これは，古くなった事業と新しい事業をどんどん組み替え，常に最適な事業構成を保つという能力である．GEでは，事業構成を最適に組み替える尺度として，ナンバーワン・ナンバーツゥ・ポリシーを採用している．これは，国際競争上，1番または2番の競争優位な事業だけを残し，3番以下の競争劣位な事業は売却もしくは撤退するという尺度である．また，GEでは，ビジネス・スクリーンという独自のプロダクト・ポートフォリオ・マネジメントを開発し，事業の組み合わせを実施してきた（図表4－4）．

GEのビジネス・スクリーンとは，ヨコ軸に業界の魅力度，タテ軸に事業単位の地位をとり，自社事業を9つに分類して資源配分を行うやり方である．「業界の魅力の度合い」の評価基準としては，①市場規模，②市場成長率，③産業の収益性，④循環性，⑤インフレへの対応，⑥非アメリカ市場の重要性を設定する一方，「事業単位の地位」に関する評価基準として，①市場地位，②競争上の地位，③相対的収益性を設け，今後増強する事業や売却または撤

図表4-4　GEのビジネス・スクリーン

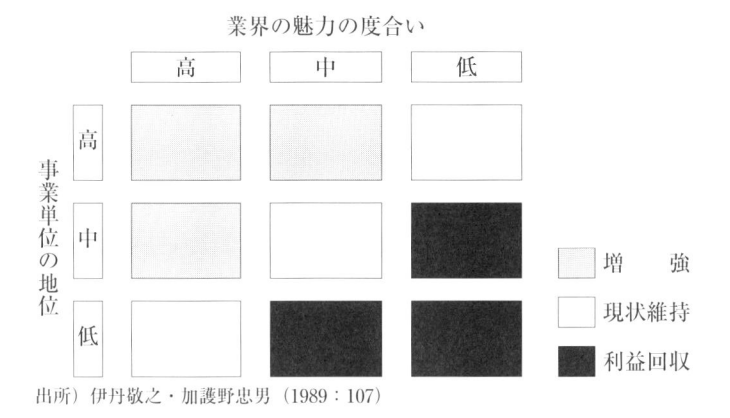

業界の魅力の度合い

	高	中	低
高	増強	増強	現状維持
中	増強	現状維持	利益回収
低	現状維持	利益回収	利益回収

事業単位の地位

凡例：
- 増強
- 現状維持
- 利益回収

出所）伊丹敬之・加護野忠男（1989：107）

退により利益を回収する事業をそれぞれ設定し，自社事業の分析を行う手法である．

　第2のスタイルは，新規事業の重要性が低く既存事業の重要性が高いセルに該当する「蓄積型グループ経営」である．これは，グループを担う構成要素について，収益率が低下した既存事業，成熟した既存事業をやみくもに切り捨てたり，あるいは将来的に高いリターンや成長が見込まれる新規事業を積極的に抱え込むというグループ経営ではない．つまり，成長または成熟かを問わず，既存事業をベースにグループを構成する概念である．

　蓄積型グループ経営という発想は，伝統的な日本企業に多くみられるスタイルである．伝統的な日本企業のマネジメントは，すでに指摘したとおり，ヒトや知識・ノウハウといった経営資源の蓄積を重視する．経験や蓄積が第一に重視されるため，雇用の長期的な定着が必然的に求められる．このため，人材やその育成が長期化され，人本主義といった人材中心のマネジメントが競争優位性の源泉となる．

　一方，伝統的な日本企業の多くは，自社の持ち得ない知識・ノウハウが必要な分野へ積極的に進出するというよりも，既存事業で培った知識・ノウハウを

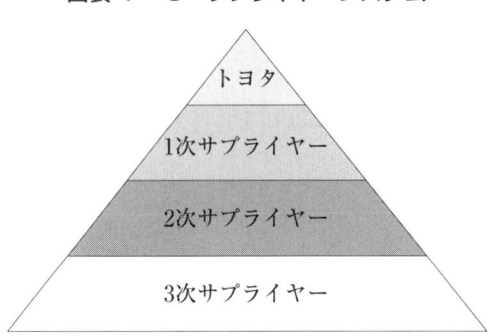

図表4-5 サプライヤーシステム

```
         トヨタ
      1次サプライヤー
    2次サプライヤー
   3次サプライヤー
```

拡張する指向性が強い．このため，ごく特定の事業に経営資源を集中する専業企業が多い．また，自動車メーカーのような伝統的な製造企業は，系列という垂直的なネットワーク（サプライヤーシステム）を形成するケースが多い．これは，組立を担う大企業と部品やキーデバイスを担う特定の中堅・中小企業を中心に構成された生産システムであり，こうした系列取引が長期的に形成される理由は，経験や蓄積を重視する日本企業の特徴とまさに合致するものである．

蓄積を重視するグループ経営に該当する伝統的な日本企業としては，トヨタ自動車（以下，トヨタ）が挙げられる．トヨタのグループ経営こそまさに蓄積型そのものであるといってもよい．トヨタでは，3万点ともいわれている自動車を構成する部品やキーデバイス類を少数の系列企業との間で取引している．

図表4-5は基本的なサプライヤーシステムを表したものである．トヨタという自動車メーカーを頂点に，企業規模や組織能力に応じて1次サプライヤー，2次サプライヤー，3次サプライヤーが垂直的に形成されている．自動車メーカーと部品メーカーの関係は，いわば運命共同体のように濃密な関係であり，自動車メーカーは部品メーカーを育成・支援する一方，部品メーカーのエンジニアは自動車メーカーのスタッフとして自動車の開発や改良に協力するしくみ（ゲスト・エンジニア制度）が存在し，両者は長期的に緊密な関係を維持している．

サプライヤーシステムの基本的な性格は，常にサプライヤーのローテーションが行われるというよりも，かなりクローズドであり排他的である．というのも，自動車のアーキテクチャーがクローズド・インテグラルという，ごく限定された優れたプレイヤーたちによる「あうんの呼吸」「ツーカーの関係」「濃密なコミュニケーション」「緊密な調整」「幅広い情報共有」が求められる統合型のモノづくりシステムだからである．そして，統合型のモノづくりシステムによって得られる競争優位性とは，囲い込まれたプレイヤーたちによる長期的な知識・ノウハウの蓄積である．

3. バリューチェーン型グループ経営

米国型の「組み合わせ」グループ経営，日本型の「蓄積」グループ経営に対して，第3のスタイルは，新規事業の重要性と既存事業の重要性が共に高いセルに該当する「バリューチェーン型グループ経営」である．これは，グループを担う構成要素について，事業間の相乗効果をベースに事業が構成されるグループ経営である．すなわち，既存事業や新規事業という見方を超えて，事業間が互いに密接な関連をもち，シナジーが生起されるか否かに焦点を置いたスタイルである．バリューチェーン型グループ経営は，グループを構成する複数の事業の連結と連鎖により，グループ全体の企業価値を高めるグループ経営である．このため，バリューチェーン型グループ経営の特徴には，つぎのようなことが挙げられる．

① 各ビジネス・ユニットが互いに密接に関連している．
② このため，ビジネス・ユニット間におけるシナジー効果が十分期待できる．
③ 全体を統合する本社の戦略的コーディネーションがきわめて重要となる．
④ ビジネス・ユニット間の連結により，たとえ不採算事業があっても本社は簡単にリストラクチャリングできない．
⑤ グループ連結経営やコーポレートブランド経営の展開が鍵を握る．

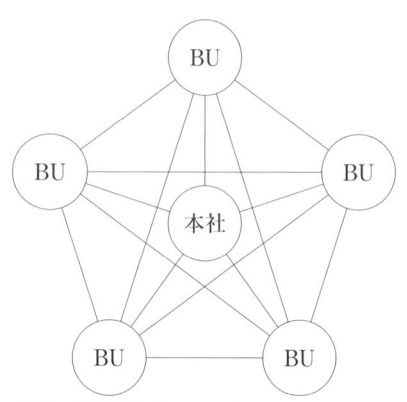

図表4－6　バリューチェーン・モデル

```
        BU
      / | \
    /   |   \
  BU----+----BU
   |\  本社  /|
   | \  |  / |
   |  \ | /  |
   BU---+---BU
```

出所）出井伸之（2002：79）

　図表4－6のようなバリューチェーン型グループ経営を目指すエクセレント・カンパニーとして，ここでは，ソニーの事例を取り上げてみよう．ソニーのグループ経営は，同じコングロマリット企業であるGEのように成熟した既存事業を一挙に切り捨てたり，あるいは自動車に特化するトヨタのように限られたコア・メンバーによる長期的なグループ経営でもない．ソニーでは，インターネットの急速な普及やデジタル技術の飛躍的な進歩に伴い，放送，プロバイダーといった「プラットホーム事業」を強化した．これは，既存事業であるテレビ，VTR，DVDプレーヤーといったエレクトロニクスを意味する「端末」と音楽，映画，ゲーム，ファイナンスなどの「コンテンツ」をプラットホームの充実を図ることで顧客の手元に届ける意図が隠されている．つまり，ソニーでは，エレクトロニクス，映画，音楽，ファイナンス，ゲームという事業を自社のプラットホームを通じて発信することでハードウェアとソフトウェアを連結し，相乗効果を高めるグループ経営を目指しているのである．

　最後に，事業間が互いに密接な関連をもち，シナジーが生起されるか否かに焦点を置くバリューチェーン型グループ経営は，「インストールベース」という新たなビジネスモデルを生み出した．インストールベース・ビジネスモデル

とは，通常，購入するハードウェアにアプリケーションやOSがインストールされている状態を意味するが，しかしながら，ここでいうインストールベースとは，消耗品によるビジネスを指している．つまり，本体で利益を出すよりも，本体価格はなるべく据え置いて，その代わりに本体を利用することで発生する消耗品によって利益を獲得するプラスの相乗効果が生まれる戦略である．

インストールベース・ビジネスモデルは，実は数多くの企業で展開されている．たとえば，髭剃りメーカーのジレットは髭剃り本体の価格は安くする一方，替刃ビジネスが大きな収入源となっている．また，キヤノンでは，今日，インクジェットプリンターという製品の販売利益よりも，インクやトナーといった消耗品で儲けている．その秘密は，インクジェットプリンターのカートリッジの設計を精密にする一方，インクやトナーにも高い技術を盛り込むことで，自社製品に対する消耗品ビジネスを確保している．つまり，本体や消耗品に高度な技術を盛り込むことで，他社の代替製品を食い止め，自社で利益を独占しているのである．

演・習・問・題

問1　クローズド・インテグラルについて説明しなさい．
問2　「蓄積」と「組み合わせ」のグループ経営について説明しなさい．
問3　「バリューチェーン」のグループ経営について述べなさい．

参考文献

藤本隆宏（2004）『日本のもの造り哲学』日本経済新聞社
佐藤俊之（2003）「素人の軍隊を精鋭に変えたマニュアル主義」『アメリカ陸軍全史』学習研究社
国領二郎（1995）『オープン・ネットワーク経営』日本経済新聞社
三品和広（1997）「『蓄積』対『組み合わせ』―日米比較の仮説」『ビジネスレビュー』第45巻2号，pp. 75-83
伊丹敬之・加護野忠男（1989）『ゼミナール経営学入門』日本経済新聞社

出井伸之（2002）『非連続の時代』新潮社

――――――――《推薦図書》――――――――
1. 藤本隆宏（2004）『日本のもの造り哲学』日本経済新聞社
   アーキテクチャーという概念を用いて，日本企業と米国企業の違いについて触れた好著．
2. 国領二郎（1995）『オープン・ネットワーク経営』日本経済新聞社
   オープン・アーキテクチャーの重要性について指摘した書．

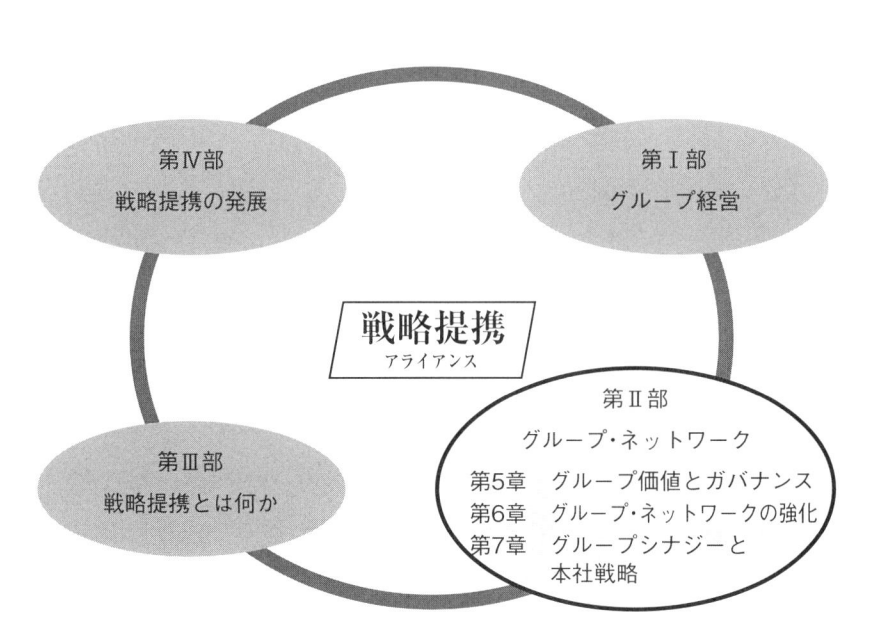

第II部
グループ・ネットワーク

- 第IV部　戦略提携の発展
- 第I部　グループ経営
- 第III部　戦略提携とは何か
- **戦略提携**　アライアンス
- 第II部　グループ・ネットワーク
  - 第5章　グループ価値とガバナンス
  - 第6章　グループ・ネットワークの強化
  - 第7章　グループシナジーと本社戦略

第5章の要約

　西武グループの有価証券報告書虚偽記載,三菱自動車の欠陥隠し,カネボウの粉飾決算など,企業グループを舞台とする不祥事が相次いでいる.こうした不祥事が発覚した企業は,経営トップクラスの逮捕や辞任,株価の下落,業績の悪化といった深刻な経営危機に直面することになった.

　不祥事は企業のブランド価値を傷つけ,企業価値を損なう.とくに大きな企業グループは,グループ内の一握りの従業員の不適切な行動によって,グループ全体のブランドが損なわれるというリスクを常に抱えている.

　こうした事態を避け,グループ価値を守るためには,グループ本社が中心となって,グループ全体におけるリスク・マネジメント(危機管理),コンプライアンス(法令順守),コントロール(統制),ガバナンス(統治)といった体制を充実させる必要がある.

　本章では,①グループ価値とは何か,②グループ価値を高めるうえでなぜブランドが重要なのか,③ブランドを守り,グループ価値を高めるためのコーポレート・ガバナンスのしくみ,といったテーマについて議論していきたい.

第5章　グループ価値とガバナンス

1. グループ価値とは何か

　グループ経営の議論では，企業価値，株主価値，ブランド価値，グループ価値といったさまざまな「価値」が出てきて混乱する読者も多いと思われる．そこで最初に，こうした用語の定義を整理しておきたい．

　企業価値は，「企業が将来にわたって生み出すキャッシュ・フローを，資本コストを考慮して現在の価値に換算し，合計した額」と定義される．ただし，とくに現代のような変化の激しい時代には，将来にわたるキャッシュ・フローを直接推定することは，現実にはきわめて困難である．

　株主価値とは，企業価値のうち株主の持分にあたるものであり，「企業価値から負債時価を差し引いたもの」と定義される．企業価値のうち，負債を債権者に返済したあとの残りが株主のものになる，と考えればよい．

　この株主価値に対する株式市場の評価が，株価に反映される．したがって，市場の評価が正しいとすれば，株主価値は株式時価総額（株価×発行済み株式総数）で表されることになる．

　企業価値は株主価値と負債時価を合計したものであった．したがって企業価値を推定するには，株主価値の市場評価額である株式時価総額に，負債時価を加えればよいことになる．なお，図表5－1からわかるように，負債額を一定とすれば，株主価値と企業価値のどちらか一方を高めることは，必ずもう一方の向上にもつながる．

　企業価値が貸借対照表上の資産時価を上回る場合，その差額は貸借対照表に記載されない優れた経営資源（独自の技術やノウハウといった無形資産）の価値であると考えられ，この中にブランド価値も含まれる．ブランド価値の増減は企業価値および株主価値の増減に直結するため，これを高め，維持することは企業にとって重要となるのである．ブランドが企業価値を高めるメカニズムについては，つぎの2.で詳しく述べたい．

第5章　グループ価値とガバナンス

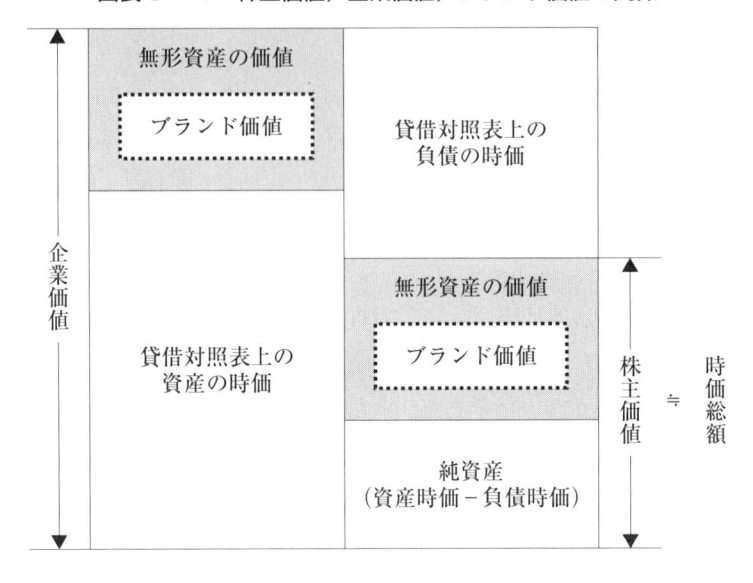

図表5－1　株主価値，企業価値，ブランド価値の関係

[図：企業価値＝（貸借対照表上の資産の時価＋無形資産の価値（ブランド価値））、株主価値≒時価総額＝（純資産（資産時価－負債時価）＋無形資産の価値（ブランド価値））、貸借対照表上の負債の時価]

　最後にグループ価値とは，単独企業にとっての企業価値を企業グループに置き換えたものと考えればよい．つまりグループ価値とは，「企業グループが将来にわたって生み出す連結キャッシュ・フローを，資本コストを考慮して現在の価値に換算し，合計した額」である．

　グループ価値の推定は，グループの支配形態にもよるが，基本的にはグループ中核企業の株主価値（グループ株主価値）を株式時価総額によって推定し，これに連結貸借対照表上の有利子負債額を加えるのが簡便な方法である．

2. グループブランドとグループ価値

　グループ価値を高めるうえで重要な要素のひとつとされるのが，ブランドである．ここでは，①ブランドとは何か，②ブランドとグループ価値との関係，③ブランドがグループ価値を高めるメカニズム，について説明したい．

(1) グループブランドとは何か

　ブランドとは，独自性を示す名称，文字，図形，シンボルといった標章である．その語源は古スカンジナビア語で「焼く」を意味する「brandr」などであるとされ，もともとは家畜の所有者を示す焼き印のことだったといわれている．

　ブランドには，個々の製品につけられる製品ブランド，企業レベルのコーポレートブランド，グループ全体のグループブランドといったさまざまなレベルがあり，その使い分けも企業によってさまざまである．

　たとえば，トヨタ自動車は多くの車種で，「COROLLA」のような製品ブランドと，コーポレートブランドの「TOYOTA」を併用している（トヨタグループとして考えると，「TOYOTA」はグループブランドでもある）．ところが米国の顧客向けに高級車を投入するときには，「LEXUS」という新しいブランドを立ち上げ，それまでのトヨタイメージとは一線を画す戦略をとった．また，BMWは製品ブランドを使わず，コーポレートブランドをそのまま車名に使っている．三菱自動車の場合は製品ブランドとともに，「MITSUBISHI」という三菱グループのグループブランドも使用している．

　このようにブランドにはさまざまなレベルがあるが，ここではグループブランドを中心に議論を進めていきたい．

　グループ価値を高めるうえで重要なのは，ブランドに対してステークホルダー（利害関係者）が抱くイメージや評判である．ここでステークホルダーとは，狭い意味でいえば，「企業（グループ）と何らかの契約（交換・取引）関係にある人びと」である．狭義のステークホルダーには，経営者，顧客，従業員，株主，債権者，取引先などが含まれる．

　もう少し広い意味でとらえると，「企業（グループ）の行動によって何らかの影響を受ける，あるいは企業に対して何らかの影響を及ぼす可能性のある人びと」もステークホルダーに含めることができる．大きな企業グループの場合，社会の多くの人びとが広義のステークホルダーに含まれることになる．

　ひとくちにイメージや評判といってもさまざまな要素があるが，グループ価

値との関連でとくに重要なのは，好感（⇔反感）と信頼（⇔不信）の要素である．当然であるが，ブランドへの好感と信頼が高まるほど，グループ価値も高まることになる．一方，ステークホルダーからの反感や不信はグループ価値を損なう要因となる．

(2) ブランド価値とグループ価値の関係

図表5-2に，日本経済新聞社によるブランド価値ランキング上位20社と，そのグループ価値およびグループ株主価値の推定値を示した．

ここに示したデータから計算すると，ブランド価値とグループ価値との相関

図表5-2 ブランド価値とグループ価値・グループ株主価値

(単位：百万円)

順位	会社名	ブランド価値	グループ価値	グループ株主価値
1	トヨタ自動車	6,858,529	22,615,175	15,053,690
2	NTTドコモ	4,233,093	10,295,896	9,204,300
3	キヤノン	3,431,544	4,951,176	4,912,646
4	ホンダ	3,158,774	7,545,887	4,929,879
5	NTT	2,724,787	13,420,422	7,240,956
6	日産自動車	2,572,692	8,007,489	5,036,077
7	ソニー	2,535,116	5,201,640	3,948,974
8	武田薬品工業	2,376,429	4,595,484	4,588,646
9	セブン-イレブン・ジャパン	1,955,442	2,668,139	2,657,935
10	任天堂	1,880,513	1,810,530	1,810,530
11	松下電器産業	1,185,356	4,739,512	3,988,665
12	東京電力	961,504	11,806,135	3,402,462
13	ローム	865,334	1,242,663	1,242,663
14	東海旅客鉄道	861,333	2,913,398	1,874,880
15	三菱東京フィナンシャル・グループ	836,103	6,807,167	6,807,167
16	ブリヂストン	835,991	2,179,101	1,699,529
17	東日本旅客鉄道	821,847	4,220,470	2,280,000
18	シャープ	738,947	2,273,734	1,858,201
19	野村ホールディングス	738,613	8,346,894	2,937,084
20	花王	736,588	1,489,192	1,439,542

注) ブランド価値は，日本経済新聞社によるブランド価値ランキング2004年度版（http://www.nikkei-ad.com/cb/rank/）のデータを利用した．
グループ株主価値の推定値は，株式時価総額（2004年の終値で計算）を用いた．
グループ価値の推定値は，株式時価総額に2004年の連結貸借対照表上の有利子負債を加えて計算．株式時価総額および有利子負債のデータは，YAHOO! FINANCE（http://quote.yahoo.co.jp）から取得した．

係数は 0.74，ブランド価値とグループ株主価値との相関係数は 0.87，グループ価値とグループ株主価値との相関係数は 0.89（いずれも統計学的に 1% 未満の水準で有意）となっており，相互に強い相関関係があることがわかる．相関分析では因果の方向性まではわからないが，おそらくブランド価値，グループ価値，グループ株主価値の間には相互に強化しあう関係があり，これらのうちのひとつが高まると，他の価値も同時に高まる傾向があるといえる．

(3) ブランドがグループ価値を高めるメカニズム

では，なぜブランドはグループ価値を高めるのだろうか．

第1に，優れたブランドはステークホルダーをひきつけ，関係を維持するのに役立つということが考えられる．企業はステークホルダーとの間でさまざまな交換・取引を行う．たとえば，顧客に製品・サービスを提供してその対価を受け取る，従業員に報酬を支払って企業活動への貢献を得る，株主に配当を支払って出資を受ける，などである．こうしたステークホルダーとの交換・取引全体を通じてプラスの価値を創造しなければ，企業は活動を維持することができない．

価値創造は基本的に，「自分にとってはあまり価値がないが受け取る人にとっては価値の大きいものを与え，自分にとっては価値が大きいが提供する人にとってはあまり価値のないものを受け取る」ことによってなされる．企業は交換から価値を生み出し，それを公正に分配し，すべてのステークホルダーを満足させることによって，彼らを交換関係に参加させつづけなければ存続できない．優れたブランドは，ステークホルダーを企業との交換関係に招き入れるうえで大きな役割を果たす．

第2に，そうした交換・取引によって創造される価値を高めるうえでも，ブランドは重要である．現実の取引では，取引相手が不誠実に行動し，そのために自分の利益が害されるおそれが常にある．このようなリスクを警戒するあまり，双方にとって有益な取引であっても実現しないことがしばしばある．不誠

実な行動を封じるために,取引相手の情報を収集したり,詳細な契約を作成したり,その履行を監視することもできるが,そのために発生するコストによって,取引から生まれる価値が減殺されてしまう.

しかし,取引相手を信頼することができる場合には,そのような取引コストを発生させずに有益な取引を実現することができる.信頼されるブランドは,より多くの取引相手をひきつけ,より多くの取引を成立させるばかりでなく,取引コストの節約によって一つひとつの取引からより大きな価値を生み出すという機能も果たすのである.

第3に,ブランドは「みえざる戦略的資源」として,企業グループに大きな「範囲の経済性」をもたらすという性質をもっている.

優れたブランドが価値をもたらすとしても,それが一時的なものであったり,狭い範囲でしか効果を発揮しないものであれば,グループ価値への貢献は限定されたものとなるだろう.しかし,ブランドは「みえざる戦略的資源」としての性質をもっているため,広範な企業活動において持続的な効果を発揮する.

「資源ベース理論」によれば,① 価値がある,② 稀少である,③ 獲得が困難である,という3つの性質をもつ経営資源が戦略上きわめて重要な役割を果たす(Barney, J., 1991).こうした資源は「コア・コンピタンス」や「戦略的資源」などとよばれ,持続的な競争優位の源泉であるとされている.

優れたブランドは,① ステークホルダーとの有益な取引を促進するという意味で戦略的な価値があり,② 構築に長い時間がかかる(しかもたった一度の不適切な行動で失う)という性質のために競争者の間で稀少であり,③ 市場で購入したり,模倣したり,他の資源で代用したりすることはむずかしい.こうした性質のため,優れたブランドをもつ企業グループは(不適切な行動によってブランドを失墜させない限りは)長期的な競争優位をえることになる.

さらに,ブランドは「みえざる資産」としての性質をもつ.みえざる資産とは情報としての経営資源であり,顧客からの信用やブランドイメージもこれに含まれる(伊丹,1984).みえざる資産の重要な特性は,同時多重利用が可能で

あり，使用によって減少しないことである．

ヒト・モノ・カネといった経営資源は，基本的には同時に複数の用途に使用することはできない．たとえば，機械をある作業に使用している間は同時に他の仕事をさせることはできないし，ある機会に投資した資金を同時に他の機会に投資することもできない．また，機械は使えば減耗するし，人材を酷使すれば疲弊する．しかし，知識やブランドのような情報としての見えざる資産は，（適切に使用する限りは）使っても減らず，多くの用途に同時に利用できるという意味で，非常に大きな「範囲の経済性」(Panzar, J. C. and R. D. Willing, 1981)を生み出すのである．

このような見えざる資産としての特性によって，優れたブランドは，顧客への製品・サービスの販売，従業員の採用やモチベーションの確保，投資家からの資金調達など，あらゆるステークホルダーとの取引において同時に価値を生み出す．

こうした理由から，優れたブランドは企業グループの業績に大きな貢献をなし，グループ価値を高めるのである．

(4) 優れたブランドの構築

では，優れたブランドを構築するにはどうすればよいのだろうか．

グループブランドの中核となるのは，グループ理念である．たとえばソニーには，「真面目ナル技術者ノ技能ヲ，最高度ニ発揮セシムベキ自由闊達ニシテ愉快ナル理想工場ノ建設」という一節で有名な，創業者の井深大による設立趣意書がある．ここに描かれている理念がソニーの文化として受け継がれ，それが製品の特徴や従業員の行動に反映されて，ステークホルダーによるブランドイメージの形成にむすびついていると考えられる．

また，松下電器であれば，「産業人タルノ本分ニ徹シ，社会生活ノ改善ト向上ヲ図リ，世界文化ノ進展ニ寄与センコトヲ期ス」という，創業者の松下幸之助による綱領がある．松下の場合も，ここに描かれている理念がグループの文

化やブランドに反映されていることは疑いないだろう．

　どの企業も，パンフレット，テレビCM，ウェブサイトなど，さまざまな形の広報活動を通じてブランド戦略を展開している．しかし，企業側が一方的に発信する情報は，そのままでは信用されにくい面がある．どの企業もすばらしい経営理念をうたっているが，美辞麗句を並べるだけで優れたブランドイメージが形成されるわけではない．グループブランドを構築するためには，グループ理念をグループの文化として浸透させ，製品特性や従業員の行動の端々にまで実際に反映させなければならないのである．

　ステークホルダーは，製品や従業員との接触を通じて，あるいはさまざまな媒体を通じて間接的に見聞きした情報をもとに，企業グループのイメージや評判を形成する．評判を重視することで有名なジョンソン＆ジョンソンのCEO，ラルフ・ラーセンは，「評判はわれわれが毎日何百もの小さな出来事を通じて示す行動を反映する．毎日，常に正しいことを考え，行うように心がけることによって，評判を築きあげることができるのだ」と述べている（Keller, K. L., 2000）．ブランドの構築にはこうした長期にわたる地道な努力が必要である．

　理念を浸透させるための方法については，求心力について議論する第6章の2.で再び扱いたい．

3. コーポレートガバナンス

　冒頭でも述べたように，このところ大企業の不祥事が頻発している．不祥事はブランド価値を破壊し，その結果としてグループ価値に大きなダメージを与える．もちろん，不祥事にかかわる行為そのものが，社会にとって有害であることはいうまでもない．そこで，経営者や従業員の不適切な行動を牽制し，不祥事を防ぐための，コーポレートガバナンスについての議論が盛んに行われている．

　ここでは，まずコーポレートガバナンスの基本問題としてしばしば取り上げられる「会社は誰のものか」というテーマについて考察したい．そのうえで，

経営者や従業員の不適切な行動を抑制し，効率的な経営を促進するための法的・経済的なガバナンスのしくみについて整理したい．

なお，会社の規模や種類によって法規制やガバナンスのしくみは異なっている．ここでは株式を公開している日本の大企業（商法特例法上の「大会社」および「みなし大会社」）を前提として話を進めたい．

(1) 会社は誰のものか

まず基本的な論点として，「会社は誰のものか」という議論がある．

一方には，会社は株主のものであり，株主利益を何よりも最優先して経営すべきであるという立場がある．その最大の根拠は，商法の通説において，会社の実質的所有者は株主であるとされていることにある．

しかし，法には形式論理の面で整合的な説明を試みる理論体系という側面もあり，法的な説明をそのまま現実ととらえることが適切でない場合もある．たとえば，会社は法律上「人」であるとされるが，これは契約の主体になれるという意味で人と同様に扱うことができるという意味であって，会社が本当に「人」であると考える人はいないだろう．

法的な説明にはこのようなフィクション（擬制）が存在する．ジェンセンとメックリングの有名な定義によれば，会社とは契約関係の結節点（nexus）として機能する法的擬制（特定の組織を人として扱うことを許す法律上の人工的概念）の一形態にすぎないのである（Jensen and Meckling, 1976）．

法律上の議論に限っても，株主にはかなり限定的な権利しか与えられていない．原則として株式を自由に譲渡できるほか，利益配当請求権や残余財産分配請求権を中心とする「自益権」と，株主総会における議決権および監督是正権（代表訴訟提起権や取締役の違法行為差止請求権）からなる「共益権」が株主の主な権利である．

実際には，株主は「所有者」という表現からイメージされるものよりもはるかに小さな権利しかもっていない．たとえば，読者がもし自動車の所有者であ

るならば,それは通常,読者が自動車を直接の支配下におき,自由に使用できることを意味する.しかし多くの株主は,取締役の選任にも実質的には関与せず,きわめて形式的に会社を支配しているにすぎない.

仮に株主が会社を自由にコントロールすることができたとしても,そこには多くの制約が課される.自動車の所有者が人をはねてはいけないのと同様,所有物を使用して他人の権利を侵害することは許されない.大企業は何をする場合にも社会的な影響力が大きいため,行動の制約もきわめて多い.

また,多くの株主は企業の「共同」所有者でしかなく,しかもきわめて小さな割合の株式しか保有していない.自動車を数人で共同所有するとすれば,1人当たりの使用時間や自由度は相応に制約される.大企業の所有権は1億株以上に細分化されていることも珍しくなく,多くの株主はきわめて小さな割合の所有者でしかない.また,ひとくちに「株主」といっても一枚岩ではなく,株主同士の間で意見や利害が対立することも多い.

多くの株主は企業経営に関与する意思も能力ももたず,株式の配当と売却益のみに主な関心をもっている.短期間での売却を志向し,企業の長期的発展や社会的責任といった点にはほとんど関心をもたない株主も多い.株主は経営者と違って匿名性が高く,その行動が批判にさらされるおそれも低いため,社会的影響を考慮せず無責任な行動をとる可能性がある.また,有限責任しかもたない株主は,過大なリスクの追求を望み,社会的に望ましくない企業行動を促す可能性がある.

企業価値への貢献度という点でも,株主の役割はそれほど大きくはない.現代の企業においてもっとも重要な経営資源は,経営者や従業員がもつ特異な知識や能力である.株主が提供する資金も重要な経営資源ではあるが,代替の調達源が無数にあるため,持続的な競争優位の源にはなりえない.日々汗を流して企業発展に努力するのは経営者や従業員であり,多くの株主はリターンを求めて一時的に株式を保有するのみである.会社の起源の面から考えても,通常は設立時から一貫して企業の発展に努めるのは創業経営者(と従業員)であり,

のちに株式公開するときに初めて不特定多数の株主を募集する場合が多い．

こうした点から考えると，経営者，従業員，顧客，取引先，債権者といった他の重要なステークホルダーと比較して，株主利益のみを特別に重視することを正当化する実質的な理由は見当たらないようにも思える．

2．で述べたように，企業の価値創造の源はステークホルダーとの取引にあり，企業価値を高めるためには，あらゆる優良なステークホルダーとの間に良好な関係を築くことが重要である．法律上の考え方は別として，現実に企業価値を高めるという観点からは，株主のみを特別扱いするのではなく，企業価値への貢献度とコストを考慮したうえで，バランスよくすべてのステークホルダーとの関係を重視すべきだということになるだろう．

実際には，株主重視の考え方とステークホルダー重視の考え方とはそれほど矛盾するものではない．株主重視の立場からいっても，株主以外のステークホルダーをないがしろにしたり，短絡的・近視眼的に株主利益を追求したりすることは，結局のところ長期的な株主利益を損なうことにつながる．またステークホルダー重視の立場からいっても，株主も重要なステークホルダーのひとつであり，株主利益を軽視してよいということには決してならないのである．

(2) 法的なガバナンスのしくみ

経営者や従業員の不適切な行動を抑制するとともに，効率的な経営によって企業価値を高めるために，どのようなしくみがあるのだろうか．ここではまず，法的なガバナンスのしくみについてみていきたい．

現在の会社法では，大きく分けて2種類のガバナンス形態が認められている．そのうちのひとつは，「監査役設置会社」とよばれる，従来の日本型のガバナンス形態である（図表5－3）．

株主によって構成される株主総会は，会社の基本的事項（定款変更，解散，合併など）のみを決定し，会社の経営（業務執行）は，株主総会で選任された3人以上の取締役に委任される．これを所有と経営の分離という．

第5章 グループ価値とガバナンス

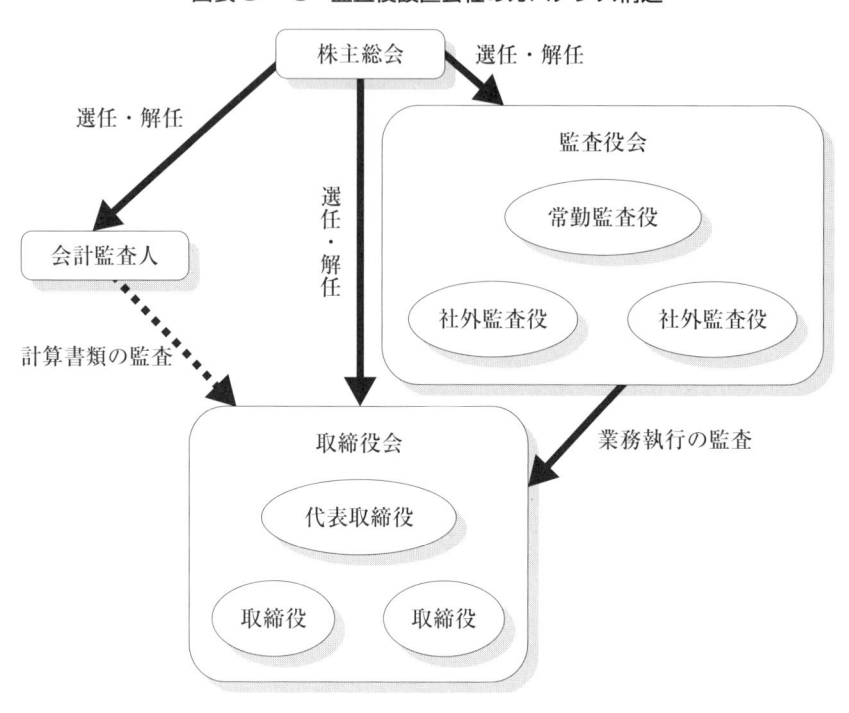

図表5－3 監査役設置会社のガバナンス構造

[図：株主総会が会計監査人・取締役会・監査役会をそれぞれ選任・解任する。監査役会（常勤監査役、社外監査役、社外監査役）は取締役会（代表取締役、取締役、取締役）の業務執行の監査を行う。会計監査人は計算書類の監査を行う。]

　取締役全員で構成される取締役会は，経営（業務執行）に関する意思決定を行う．取締役会でなされた意思決定は，取締役会決議によって選任される1人以上の代表取締役によって執行される．代表取締役は，会社を代表して契約を締結する代表権をもつほか，内部的な業務執行を行う．重要でない業務執行については，意思決定も代表取締役に委任することができる（通常は，さらに業務担当取締役や従業員にも意思決定や業務執行が委任される）．

　取締役による職務執行は，株主総会で選任された3人以上の監査役からなる監査役会によって監査される．監査役のうち，半数以上は社外監査役，1人以上は常勤監査役でなければならない．また，会社の計算書類は会計監査人（公認会計士または監査法人）による監査を受けなければならない．監査役と会計監査人の選任議案は取締役会で決定されるが，監査役会の同意が必要とされて

いる．

　なお，取締役が10人以上でそのうちの1人以上が社外取締役である場合には，取締役会決議によって3人以上の取締役からなる重要財産委員会を設置することができる．取締役会決議によって委任された場合には，「重要な財産の処分・譲受」と「多額の借財」について，重要財産決定委員会で決定することができる．この制度の趣旨は，取締役の人数が多く取締役会を機動的に開催することが困難な会社において，迅速に決定しなければならない事項を決定しやすくすることにある．

　以上が「監査役設置会社」の基本的なガバナンス構造であるが，このガバナンス形態にはつぎのような欠点が指摘されてきた．

　この形態では，取締役の職務執行について，適法性と妥当性の監督を取締役会が行うことになっている．しかし，現実には取締役の選任と報酬決定の実権を代表取締役が握っている場合が多い（これらは株主総会決議で決定することになっているが，実際には代表取締役が中心となってまとめた議案どおりに決まる場合がほとんどである）．日本企業では従業員出身の取締役が多く，先輩であり上司でもある代表取締役に対して頭が上がらないケースも多いため，こうした身内同士の相互監督が有効に機能するかどうか疑問である．

　こうした問題点を踏まえ，2002年の改正によって選択できるようになったのが，アメリカ型のガバナンス・システムにならったといわれる「委員会等設置会社」である（図表5－4）．

　「委員会等設置会社」は，会計監査人をおく点では「監査役設置会社」と同様であるが，監査役会の代わりに，取締役をメンバーとする3つの委員会をおくことになっている．このうち指名委員会は，取締役の選任・解任の議案を決定する．監査委員会は，取締役および執行役の職務執行を監査するとともに，会計監査人の選任・解任の議案を決定する．また報酬委員会は，取締役と執行役の報酬を決定する．これらの委員会は取締役会決議によって定められた3人以上の取締役で構成され，その過半数は執行役を兼ねない社外取締役でなけれ

第5章 グループ価値とガバナンス

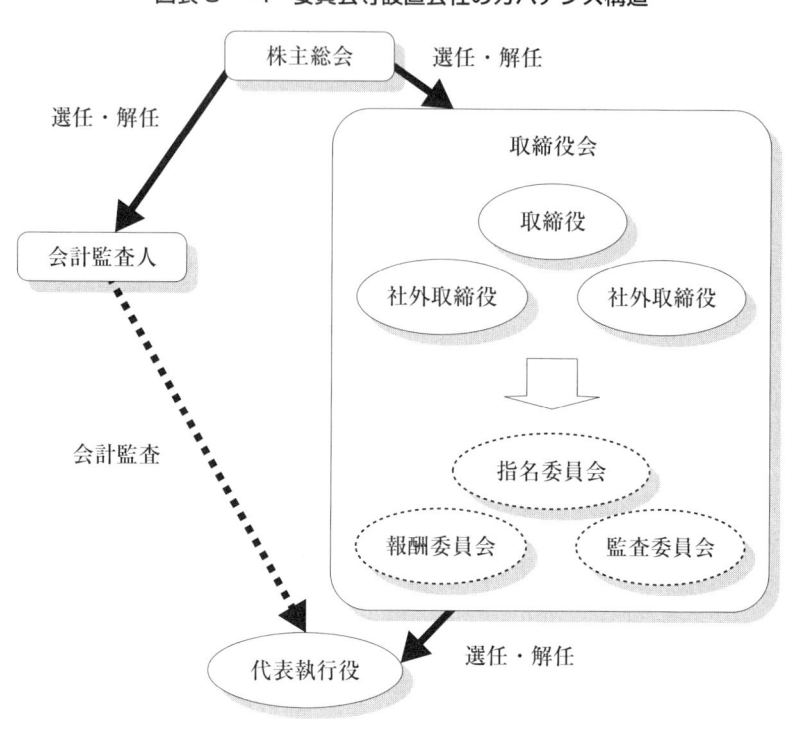

図表5－4 委員会等設置会社のガバナンス構造

[図：株主総会が取締役会を選任・解任し、会計監査人も選任・解任する。取締役会は取締役、社外取締役から構成され、指名委員会・報酬委員会・監査委員会を設置。取締役会が代表執行役を選任・解任する。会計監査人は代表執行役を会計監査する。]

ばならない．また，監査委員は全員が執行役・使用人などとの兼務を禁止されている．

また，取締役会決議で1人以上の執行役を選任し，そのうち1人以上は代表執行役としなければならない．執行役は，業務執行を行うほか，取締役会決議によって委任された事項の決定を行う．代表執行役は，会社を代表して契約を締結する代表権をもつ．なお，取締役と執行役を兼任することは可能である．

このように「委員会等設置会社」では，経営監視機能を担う取締役と，業務執行機能を担う執行役の役割が明確に分離されている．また，執行役に意思決定権限を大幅に委譲することができるため，迅速な決定と執行が可能になっている．

また，このシステムでは監査委員は取締役会の構成員であるため，経営に関

する情報収集が容易であり，不適切な取締役の解任にも関与できる．この意味では，「監査役設置会社」よりも強力な監査が可能になると期待されている．

重要な権限をもつ3つの委員会において，メンバーの過半数が社外取締役によって構成されることになるため，社内の役員によるなれあいの問題を解消できる可能性もある．ただし，社外取締役として適当な人材は不足しているといわれており，また会社の業務についての知識不足や，内部情報へのアクセスがむずかしいといった問題点も指摘されている．

2001年に倒産した総合エネルギー企業「エンロン」の不正会計事件は，米国市場における過去最大の倒産ということもあり，市場に大きな衝撃を与えた．エンロンの社外取締役は，実は過去にエンロンと深い関係にあった人物ばかりであった．また，監査法人のアーサー・アンダーセンは，エンロンから多額の監査報酬を受け取るとともに，コンサルティング業務もエンロンから受注し，多額の報酬を得ていた．こうした事実は，運用しだいではアメリカ型のガバナンス・システムにも抜け穴があり，経営者と社外取締役，あるいは経営者と会計監査人との間で癒着やなれあいが起こりうることを示している．

(3) 経済的なガバナンスのしくみ

コーポレートガバナンスの問題の根源は，企業の実質的な支配者である経営者が，他のステークホルダーを犠牲にして自己利益を追求する可能性があるという点にある．たとえば，経営者は自分の欲求を満足させるために社長室を高価な絵画や家具で飾ったり，個人的な利害が絡む事業に投資を行うかもしれない．経営者が自己利益のために企業価値を損ない，企業が倒産するようなことがあれば，顧客，従業員，債権者，取引先といったステークホルダーに大きな被害が及ぶことになる．このため，経営者が他のステークホルダーの利益に反する行動をとることがないように監視するメカニズムが重要になる．

現代の市場システムには，経営者の不適切な行動を防ぐためのさまざまなしくみが内在している．

第5章　グループ価値とガバナンス

　第1に，評判のメカニズムがある．企業価値を高め，優れた経営者であるとの名声を得れば，経営者の現在の地位も安泰であり，また退任後も社会的・経済的に有利な地位に就ける可能性が高くなる．

　第2に，企業間競争がある．放漫経営によって企業競争力が損なわれ，業績が悪化すると，経営者は株主をはじめとするステークホルダーからの批判を浴び，解任の可能性が高まることになる．

　第3に，買収の脅威がある．経営者の努力が足りず，企業の潜在的な価値よりも株価が低いと，企業買収のターゲットとされる可能性が高くなる．買収者側は，株価の低い企業を買収し，経営を立て直して株価を高めてから転売すれば大きな利益を得ることができるため，経営力の低い企業ほど買収のターゲットになりやすいのである．

　第4に，株主や投資家による監視がある．最近は機関投資家などの大口株主が積極的に議決権を行使するようになってきており，彼らの賛同を得られず議案が否決されるケースも増えてきている．機関投資家に対して議決権行使の仕方をアドバイスするコンサルティングサービスも充実してきており，株主利益に反する議案は通りにくくなりつつある．

　また，経営者の不適切な行為に対して，株主は誰でも株主代表訴訟を起こすことができる．これに敗訴すれば，経営者は多額の損害賠償を命ぜられる可能性がある．さらに最近では，社会・倫理・環境といった問題に対する企業の取り組みを投資基準に含めて企業を評価・選別する「社会的責任投資」とよばれる動きが広がりをみせており，ステークホルダーや社会的責任をないがしろにする経営者に対して厳しい目を向けている．

　第5に，従業員による監視がある．最近の企業不祥事は，従業員の内部告発によって発覚するケースが多い．また，従業員は実際の企業活動の大部分を担っており，彼らの協力なしには経営が成り立たないため，従業員が一丸となった場合には，経営者に対してきわめて強力な発言力をもつ．

　第6に，債権者による監視がある．従来のメインバンクなど，企業に多額の

貸出をしている債権者は，不適切な経営によって債権が回収不能に陥ると損失をこうむるため，場合によっては出資や役員派遣といった手段も併用して企業との関係を強め，経営を監視する場合が多い．

以上のように，経営者の行動を監視・牽制し，あるいは経営者とステークホルダーの利害を一致させるさまざまなメカニズムが市場には存在する．これらは，市場が長年にわたる反省と改善を積み重ね，より効率的なシステムへと進化をとげる中で組み込まれてきたメカニズムである．現代先進国の市場システムは，すでにかなり効率的なガバナンス・メカニズムを組み込んでいるといえるが，システム面だけで企業不祥事を完全に防ぐことはむずかしい．システムのさらなる充実とともに，経営者のモラルの向上も同時に求められるのである．

演・習・問・題

問1　企業価値，株主価値，ブランド価値の関係について，図を使って説明しなさい．
問2　グループ価値を高めるうえで，なぜブランドが重要なのかを説明しなさい．
問3　経営者が，他のステークホルダーを犠牲にして自己利益を追求することを防ぐ経済的なしくみについて説明しなさい．

参考文献

Barney, J. (1991), "Firm Resource and Sustained Competitive Advantage", *Journal of Management*, 17-1, pp. 99-120.

Jensen, M. C. and W. H. Meckling (1976) "Theory of the Firm: Managerial Behavior, Agency Costs and Ownership Structure," *Journal of Financial Economics*, 76-3-4, pp. 305-360.

Keller, K. L. (2000) "Building and Managing Corporate Brand Equity," in Schultz, M. M. J. Hatch, and M. H. Larsen (eds.), *The Expressive Organization*, Oxford.

Panzar, J. C. and R. D. Willig (1981) "Economies of Scope," *The American Economic Review*, 71 (2), pp. 268-272.

伊丹敬之 (1984) 『新・経営戦略の論理』 日本経済新聞社

《 推薦図書 》

1. 伊藤邦雄（2000）『コーポレートブランド経営』日本経済新聞社
   コーポレートブランドを中心に企業価値を高めていく戦略が詳しく説明されている．
2. Kim, K. and J. Nofsinger (2004) *Corporate Governance*, Prentice Hall.（加藤英明監訳『コーポレートガバナンス』ピアソン・エデュケーション，2005 年）
   アメリカのコーポレートガバナンスの現状と問題点が，わかりやすい実例とともに説明されている．
3. 長瀬範彦（2004）『ファーストステップ会社法（第 3 版）』東洋経済新報社
   最近の大きな改正後の会社法について，きわめてわかりやすく解説されている．

第6章の要約

　かつてのわが国では，有価証券報告書とともに公表される決算書類が個別決算中心であったため，子会社を利用した利益操作が横行していた．たとえば，子会社への販売によって売上高や利益を計上する，含み損のある土地などを子会社に譲渡して親会社の損失を隠す，リスクの高い取引を子会社に行わせて親会社の財務諸表から切り離す，といった手法で，親会社の業績不振を隠すケースが多かった．

　こうした状況を改善し，会計制度を国際的な基準に合致させるために，2000年3月期からは連結決算を中心に開示するように証券取引法が改正された．商法でも2002年の改正によって，証券取引法と同様の規制に統一されることになった．連結の対象となる企業の範囲についても，実質的な支配力を基準とすることによって，大幅に拡張されることになった．こうした制度改革によって，グループ経営を強化し，グループ全体の業績を高めていくことの重要性が一層明確になったといえる．

　グループ価値を高めるためには，子会社それぞれが部分最適を追求するのではなく，グループ全体としての戦略的整合性を保ちながら，グループシナジーを発揮しなければならない．そのためには，中核企業が求心力を発揮し，グループ目的の達成に向けた協力がなされるように子会社の行動をコントロールしなければならない．

　このようなグループ統合をはかるうえでとくに重要なのは，理念を中核としてグループ企業をまとめていく求心力であり，グループ内に信頼関係や相互理解を醸成するソーシャル・キャピタルである．

第6章　グループ・ネットワークの強化

1. グループ統合

(1) グループ統合の必要性

　しばしば，子会社はグループ全体のブランドを傷つけるような行動をとることがある．たとえば，コストダウンのために粗悪な原材料を使用したり，顧客のクレームを無視するといった行動である．そうした行動によって，グループ全体のブランド価値が損なわれるが，その損失は特定の子会社ではなく，グループ各社が広く薄く負担することになる．たとえグループ全体にとってマイナスとなる行動でも，特定の子会社にとっての利益が，自らの負担する損失を上回れば，その子会社は隠れて不適切な行動をとるインセンティブをもつことになる．

　これは世の中に広くみられる，フリー・ライダー（ただ乗り）とよばれる問題の一種である．つまり子会社は，親会社や他のグループ企業の努力によって優れたブランドが構築されることに期待し，自らはそのブランドにただ乗りして利益を得ようとする傾向がある．

　一方，親会社の業績はグループ業績そのものであるため，親会社はグループの中で唯一，グループ全体の価値を高めようとするインセンティブを無条件にもつ存在である．そこで，親会社が中心となって，子会社が自己利益のためにグループを裏切る行動をとらないようにするための，インセンティブやコントロールのしくみを構築する必要性が生じるのである．

(2) グループ形態とグループ統合

　上の例では親会社と子会社という構図で説明したが，ひとくちに企業グループといっても，実際にはさまざまな形態がある．

　まず，グループ内の企業が手がける事業内容の関連性によって，① コングロマリット型，② 関連多角化型，③ 垂直統合型といった分類がなされる．

コングロマリット型は，相互に関連性が乏しい，多様な事業によって構成される企業グループである．関連多角化型のグループは，技術，顧客特性，流通など，何らかの点で共通性のある事業から構成され，シナジーが期待できる．垂直統合型のグループは，たとえば石油の採掘，精製，輸送，販売といったように，一連の業務の流れに必要な事業によって構成される．

一般的には，コングロマリット型のグループでは各企業の自律性を重視したグループ経営が行われる．また，垂直統合型の場合は，業務を遂行するうえでグループ企業間の調整が不可欠であり，もともと中核企業に権限が集中しやすい構造となっている．したがって，意識的なグループ統合の努力がもっとも必要とされるのは，関連多角化型のグループであるといえるかもしれない．

また，実質的には同じような事業内容で構成される企業グループでも，① 事業部制（あるいはカンパニー制や社内分社制），② 事業持株会社，③ 純粋持株会社，などさまざまな法的形態をとりうる．

事業部制とは，すべての事業を社内の部署として抱える組織形態である．正確にいえば事業部制組織は単一企業であってグループではないが，実態としては多分にグループ経営の要素がある．事業持株会社とは，親会社自身が事業部をもつと同時に，社外にも子会社をもつグループ形態である．純粋持株会社とは，親会社自身は事業を行わず，子会社からなるグループの戦略的経営に専念する形態である．最近は日本でも純粋持株会社の形をとる企業グループが徐々に現れてきたが，いまのところは事業持株会社の形態をとっているグループが多い．

このように企業グループにはさまざまなタイプがあり，それによってグループ統合の必要性も異なる．グループの形態によっては，統合というよりも，むしろ分権的・自律的なグループ経営が適切な場合もある．現実のグループ経営では，時と場所によってコントロールを強める部分と弱める部分を適切に組み合わせながら，求心力と遠心力のバランスをとっていく必要がある．以下では説明の便宜上，関連多角化型の純粋持株会社を前提として，グループ統合の問

題を議論していきたい.

さて,グループ統合をはかるうえで重要なのは,インセンティブとコミュニケーションにかかわる問題である.

(3) グループ統合のためのインセンティブ

冒頭で述べたように,子会社は常に自己利益のために親会社を裏切るインセンティブをもっている.親会社はさまざまな手段によって,そうした不適切な行動が顕在化しないように子会社をコントロールする必要がある.

コントロールの基本的な手段としては,① 行動の監視,② 業績連動型インセンティブ,③ 理念の内面化,の3つがある.

行動の監視というのは,メンバーの行動を直接監視することによって,不適切な行動をとらないように牽制したり,観察された行動の評価を報酬に反映させることによって,メンバーが望ましい行動をとるように導く方法である.たとえば,多くの職場では上司の周囲に部下の席が配置されており,部下は多くの時間,上司にみられている状態で業務を行っている.

しかし,最近では「バーチャル組織」や在宅勤務といった形で勤務形態が多様化してきていることもあり,従業員の行動を日常的に監視することがむずかしくなりつつある.とくにグループ経営の文脈では,地理的・空間的に広く分散するグループ従業員すべてを監視することは不可能である.また,あからさまな監視は従業員のモチベーションにも悪影響を及ぼす.

そこで最近急速に普及しているのが,業績連動型のインセンティブである.仕事の成果と報酬を連動させることによって,監視がなくても一生懸命仕事に取り組むインセンティブが生まれるというしくみである.

行動を監視することがむずかしい外回りの販売員やタクシー乗務員のような職種では,昔から歩合制といった業績連動型の賃金制度がとられてきた.最近では,激しい環境変化に迅速に対処するために従業員の行動の自由度を高める企業が多くなっており,それに伴って成果主義の報酬制度が普及してきた.グ

ループ経営の文脈でいえば，たとえば子会社従業員の賞与をグループ業績に連動させるグループ・インセンティブの導入によって，子会社従業員がグループ全体の利益を考慮して行動するように動機づけることができる．

しかし，業績連動型のインセンティブにも限界はある．業務によっては，個々の従業員の貢献度を単純な評価尺度で表すことができない場合も多々ある．評価尺度の設定の仕方によっては，誰もが評価に直結しそうな目立つ仕事に殺到し，地味だが重要な「縁の下の力持ち」のような仕事を誰もしなくなるといった弊害もみられる．

最後に，理念の内面化はもっとも強力なコントロールのメカニズムである．1549年に鹿児島に上陸した宣教師ザビエルは，2年以上をかけて日本各地を回り，精力的に布教活動を行ったと伝えられる．ザビエルの実際の心情は知る由もないが，たとえ組織による監視の目がまったく届かない異国においても，自分自身が信じている理念のためなら，自発的に高いモチベーションを維持して行動することができたとしても不思議はない．

グループ理念の内面化は，非常に強力なグループ統合の促進手段になりうる．理念の浸透による求心力の強化については，2.で詳しく述べることにしたい．

(4) グループ統合のためのコミュニケーション

インセンティブのコントロールに成功し，グループ従業員の心がグループ価値の最大化に向けてひとつになったとしても，それだけでグループ経営が機能するわけではない．

緊密に調整された協力活動を展開するためには，さまざまなレベルでの情報共有をはからなければならない．もっとも基本的なレベルでは，すべてのグループ従業員の行動の指針となるグループ理念の共有がある．つぎのレベルとしては，グループ戦略ビジョンの共有がある．戦略ビジョンとは，今後数年間のグループをとりまく環境の情勢と，それに対応するためにとるべきグループ戦略の方向性を示す，大まかな見取り図である．さらにもう少し具体的なレベ

ルとして，戦略ビジョンを具体化したグループ全体計画の共有がある．

　こうしたグループ全体の情報を共有したうえで，それに整合する形で子会社レベルの個別戦略・個別計画や現場レベルの業務計画が立てられていかなければ，グループ全体として一貫性のある行動をとることはできない．

　また，現代のように変化の激しい時代には，状況の変化によって一度決めた計画の修正が必要となることは日常茶飯事である．状況に応じて臨機応変に迅速なコミュニケーションをとり，すばやく計画の修正・再調整がなされなければならない．

　こうした情報共有や調整を行うためには，効率的なコミュニケーションのしくみが必要とされる．コミュニケーションを活性化し，協力関係を実現するうえで不可欠な要素として最近注目されるようになったのが，ソーシャル・キャピタルとよばれる概念である．ソーシャル・キャピタルについては，3.で詳しく述べることにしたい．

2. 理念の浸透による求心力の強化

　うえで述べたように，グループ統合のためのもっとも強力なコントロール手段は理念の内面化である．ここでは，求心力を強めるための理念の機能について説明したうえで，求心力強化へ向けて理念を浸透させる方法について述べたい．

(1) 理念の4つの機能

　理念は，つぎのような4つの機能を通じて，グループの求心力を強めると考えられる．

　第1に，優れた理念は従業員の一体感を強め，モチベーションを高める．バーナード（Barnard, C. I.）によれば，高い貢献意欲を引き出すためには，仕事への誇りや公正感によって，従業員の個人的な理想を満足させなければならない．また，心理学の「認知的不協和」の理論によれば，職場の理念が個人的

な価値観や信念に反する場合は,従業員はストレスを感じ,モチベーションが低下する.しかし,従業員の共感を得て理念を浸透させることに成功すれば,優れた理念を共有する仲間であるという意識から一体感が強まり,モチベーションも高まるのである.

　第2に,理念の共有はコミュニケーションの効率性を高める.シャイン(Schein, E. H.)によれば,コミュニケーションで行き違いが生じる原因のほとんどは,互いに同じ言葉を使っていながら,その意味が異なっていることにある.コミュニケーションが成り立つためには,言葉や概念の意味を互いに共有しなければならないのである.グループの理念を共有するということは,グループにおける重要な概念の意味を共有することであり,メンバー間のコミュニケーションにおける誤解が少なくなるということを意味する.

　第3に,理念は不確実性のもとで判断のよりどころになり,行動に一貫性と自信をもたらす.企業活動には不確実性がつきものである.しかし,不確実性のために従業員が不安を抱き,下された決定の妥当性を疑うようになると,組織はうまく機能しなくなる.サイモン(Simon, H.)によれば,不確実性のために多くの異なる仮定が成り立つときにさえ(あるいは,むしろそのようなときにこそ),関連するすべての部門が共通の仮定に基づいて行動する方が望ましいのである.

　また,ワイク(Weick, K. E.)はつぎのような逸話を好んで紹介する.「ある軍事演習でハンガリーの偵察隊がアルプスの氷原に派遣されたが,突然の吹雪のために道に迷い,誰もが死を覚悟した.しかし,ひとりの隊員がポケットに地図を発見したために,隊員たちは落ち着きを取り戻すことができた.彼らはキャンプを設営して雪が止むのを待ち,地図にしたがって帰還することができた.ところが,彼らの上官は部下たちの無事を喜びつつ,地図をよくみて驚いた.それはアルプスではなく,ピレネーの地図だったのである.」

　この逸話も,不確実性のもとで不安におびえ,疑問を抱きながら行動するよりは,(たとえそれが間違ったものであっても)全員が共通の仮定に従い,確

信をもって行動する方がよい結果をもたらしうることを示している．浸透した理念は，ワイクの逸話における地図と同様，不確実性のもとでの判断に正当性をあたえ，従業員の行動に自信と一貫性をもたらす．

最後に，理念を浸透させることによって，現場の自由裁量を尊重しながら，同時にグループの求心力を維持し，グループ経営の有効性を高めることが可能になる．グループ経営では，業務活動のほとんどは子会社の現場レベルで行われるため，どのように活動の間の整合性を維持し，グループ全体の利益の観点から調整するかが大きな問題となる．

「エクセレントカンパニー」や「ビジョナリーカンパニー」とよばれる優良企業の多くでは，経営理念を末端の従業員にまで非常に厳しく徹底させる一方で，業務の面では広範な自由裁量を認めていることが知られている．こうした企業ではすべての従業員に理念が浸透しているために，それぞれの自主的な判断が共通の方向性をもち，ある程度は自動的に調整がなされる．理念の浸透によって，分権化のメリットを生かしながら，同時に統合性を保つことが可能となるのである．

(2) 理念を浸透させる方法

では，理念に対する従業員からの共感をえて，これを浸透させるためには何が必要なのだろうか．

第1に，理念がすべての従業員に理解され，グループの特徴としてステークホルダーから認知されるためには，そこに一貫性がなければならない．一貫性には，単純性，長期性，整合性という3つの要素がある．

まず，理念は単純なものでなければならない．ルールが複雑だと，覚えづらいばかりでなく，ルール同士の間で矛盾が起こり，混乱や不信を招くことになる．

「エクセレントカンパニー」では，少数の価値基準がきわめて明白であるため，現場の末端の人びとも，あらゆる状況において何をすればよいかを理解し

ているという．また，「ビジョナリーカンパニー」においてもほとんどの場合，中核となる理念は本質的な指針を示すものとして，簡潔に凝縮された内容となっており，3つから6つ程度の中核的な価値観しか含んでいないという．

また，理念には長期にわたる一貫性がなければならない．「ビジョナリーカンパニー」では，その中核となる理念をほとんど信仰のように守っており，それが変わることはまずないという．また，中核理念は岩のように堅固な基盤をなしており，日々のトレンドや流行に流されることもないという．

さらに，理念は企業の他のすべての要素と整合的でなければならない．「ビジョナリーカンパニー」の真髄は，中核理念および進歩への独創的な駆動力を組織の隅々にまで行きわたらせていることにあるという．また，そこでは，目標，戦略，戦術，方針，プロセス，文化的慣行，経営者の行動，建物のレイアウト，給与システム，会計システム，仕事のデザインにいたるまで，企業が行うことすべてに理念が浸透しているという．

第2に，トップクラスのリーダーが率先して，理念を尊重していることを行動で示すことが重要である．理念を創造し，それを企業文化として浸透させるのは，（通常はトップ経営者のような）中心的リーダーの役割である．エバンズ（Evans, P.）によれば，企業が築きあげる独自の文化的価値観は，意識的に考え抜かれた「創造」であり，リーダーのビジョンを反映する．それはインセンティブを与えることによって，また他のリーダーたちの選抜を通じて，そして何よりも模範を示すことによって確立されるという．またホフシュティード（Hofstede, G.）によれば，創業者や主要なリーダーたちの価値観が組織文化を形成する．

理念を浸透させるうえでもっとも重要なのは，リーダー自身が理念を心から信じ，自らの行動によってその重要性を従業員に示すことである．ミンツバーグ（Mintzberg, H.）によれば，組織において理念の浸透のカギを握るのは，使命に対する本物の信念と，使命を遂行する人びとへの真摯な献身を伴うリーダーシップである．もっともらしい言葉を口にするだけでも，うわべだけの理

念を作り出せるかもしれない．しかし，理念を深く根づかせるためには，従うものたちの琴線にふれるような，リーダーシップを本物と感じさせる何かが必要であるという．

　第3に，理念を浸透させるためには，従業員たちがそれを受け入れるように動機づけるしくみも重要となる．ドラッカー（Drucker, P. F.）によれば，人びとに影響を与える決定（配属，給与，昇進，降格，解雇）は組織の価値観と信念を表すものでなければならない．これらが組織における本当のコントロール手段であるという．また，シャインによれば，創業者やリーダーの価値観・信念を従業員に確実に学習させるためには，そうした信念に合致するような報酬，昇進，ステータスのシステムをつくらなければならない．

　優れた企業の多くは，文化を維持するために非常に厳しく従業員を選別している．「エクセレントカンパニー」の特色は非常に強い文化にあり，文化があまりにも強いために，その規範を信じるか出ていくかのどちらかしかないという．また「ビジョナリーカンパニー」では，自分たちが何者であり，何のために何を達成するのかということを非常に明確にしているため，要求水準にそぐわない人びとの居場所はなくなってしまうという．

　最後に，従業員に理念をわかりやすい形で伝え，新しいメンバーに継承していくうえでとくに重要な役割を果たすのが，過去の歴史やアイデンティティを象徴する伝説や神話，エピソード，物語といったものである．『エクセレントカンパニー』の著者ピーターとウォーターマン（Peters, T. J. and R. H. Waterman）は，人びとが自分たちの偉大な制度の特色を説明しようとするときに，物語，スローガン，伝説といったものがあまりにもよく使われることに驚いたという．こうした物語は，人びとに短い時間で強力なメッセージを伝える優れたコミュニケーション手段となる．

　徹底した顧客サービスで知られるアメリカ百貨店チェーン「ノードストローム」は，新入社員にサービスのルールを教えるためにさまざまなエピソードを使うという．たとえば，「顧客からの返品は，購入の証拠を要求せずに喜んで

受け入れる」というルールを教えるために,「ノードストロームでは一度もタイヤを販売したことがなかったのに,ある販売員はひどく擦り減った古タイヤの返品を何の疑いもなく受け入れた」というエピソードが語られる.こうしたエピソードによって,単にルールを羅列して暗記させるよりも,理念の本質を印象深く理解させることができるのである.

　印象的な物語は,人びとを魅了し,感動させるために,自然と語り継がれ,広く知られるようになる.『エクセレントカンパニー』の著者たちはつぎのような興味深い体験について述べている.「ボーイングからマクドナルドにいたるまで,われわれがインタビューした企業はすべて,簡潔で内容豊かな逸話,神話,おとぎ話のつづれ織りのようであった.今日IBMでワトソンの話をする人々のほとんどは,彼に会ったこともなければ,実際の平凡な現実を直接体験したこともないのである.最近,ヒューレット・パッカードの20代半ばのエンジニアが「ビル・ヒューレットとデイブ・パッカード」の話でわれわれを1時間も楽しませてくれた.ところがわれわれは後で,彼らが創業者たちと会ったことも話したこともないのを知って驚いた.」

3.　ソーシャル・キャピタル

　人びとのコミュニケーションや協力関係を促進するうえで,ソーシャル・キャピタルという概念がはたす役割が,最近注目を集めている.ソーシャル・キャピタルとは,信頼や相互理解のような,人びとの協力を促進する社会的関係の総称である.ブランドと同じように,ソーシャル・キャピタルも企業価値の向上に貢献する無形資産の一種である.

　プルサックとコーエン(Prusak, L. and D. Cohen)によれば,ソーシャル・キャピタルを構築するためには,①人間関係の形成,②信頼関係の醸成,③協力関係の促進,という3つの側面を強化する必要がある.以下,これらについて順を追って説明していきたい.

(1) 人間関係の構築

　人間関係を構築するためには，つぎのような点が重要であるとされる．

　第1に，組織への愛着を醸成し，定着率を高めることである．人間関係や信頼は，人びとがお互いのことをよく知り合うことによって生まれる．相互理解を深めるには長い時間がかかるため，人の入れ替わりが激しい組織では信頼関係を築くことがむずかしい．定着率を高めるためには，福利厚生の充実，職場環境の整備，本人の希望を重視した職務配置，といった施策が重要となる．

　第2に，管理職は，できるかぎり社内から昇進させるべきである．長く社内で働いている人材は，社内の人的ネットワークやコミュニティに参加した経験をもっており，それを仕事に生かすことができる．また，すでに社内で信頼関係を築き，知識を共有している人の中から管理職を選ぶことによって，そういう人材を大切にするというメッセージを伝えることができる．

　第3に，従業員がフェース・トゥ・フェースで向き合って時間と空間を共有する機会をつくることである．最近はITの進歩によってバーチャルなコミュニケーションの機会が増えてきたが，人間関係は，直に接してともに働くことによってより深まるのである．

　第4に，従業員同士が個人的な会話を楽しむ機会をもうけることである．仕事上のコミュニケーションも重要だが，互いの個人的な背景を理解することによって，信頼関係はさらに深まる．そうしたコミュニケーションを促進するためには，喫茶室や休憩所のような共有スペースのレイアウトやデザインが重要になる．

　最後に，従業員によるネットワークの形成を促進することである．仕事においてかかわりをもつ従業員たちは，優れた知識を共有し，仕事のうえで助け合い，また集団への所属によって満足感をえるために，自発的にネットワークを形成する．こうしたネットワークに対して積極的な承認や支援を示すことによって，その発展を促進することが重要である．

(2) 信頼関係の醸成

信頼関係の醸成をはかるためには，つぎのような点に配慮しなければならない．

第1に，透明性を高めることによって，ルールへの信頼を維持し，不信の原因を取り除くことである．とくに昇進基準のように従業員が高い関心をもつことがらについて，基準が不透明であったり，恣意的にルールが曲げられたりするようなことがあると，不信感が高まって組織の雰囲気は悪化する．

第2に，信頼関係を醸成するためには，まず経営者が従業員への信頼を示さなければならない．人間は信頼されるとそれに応えようとするが，不信に対しては不信で応える性質をもつ．あからさまに従業員を疑い，監視するような政策はソーシャル・キャピタルの破壊につながる．

最後に，信頼関係を高めるような従業員の行動を高く評価するという明確なシグナルを発信することである．多くのメンバーから信頼されている従業員を管理職に昇進させるなど，信頼される行動が十分に報われることを示すことが重要である．

(3) 協力関係の促進

協力関係を促進するうえで重要なのは，つぎのような点である．

第1に，従業員に目的を共有させることである．2. でも述べたように，理念（価値観と目的）を共有することにより，一体感が強まってコミュニケーションが豊かになり，協力関係が促進される．

第2に，協力的な行動に対して報奨を与えたり，協力を促進するようなルールを定めることによって，協力を奨励すべきである．たとえば，子会社従業員に親会社のストックオプションを与えるといったグループ・インセンティブによって，子会社同士の協力関係を促進することができる．あるいは従業員を採用するときに協調性を重視するといったことによって，協力を重視しているというメッセージを発信することができる．

演・習・問・題

問1 従業員が組織全体の利益を考えて行動するようコントロールする手段にはどのようなものがあるか説明しなさい．

問2 従業員に理念を浸透させ，求心力を強めるにはどのような方法があるか説明しなさい．

問3 ソーシャル・キャピタルを醸成するための方法について説明しなさい．

参考文献

Barnard, C. I. (1938) *The Functions of the Executive*, Harvard University Press, p. 146.

Collins, J. C. and J. I. Porras (1994) *Built to Last*, HarperBusiness, p. 8, 74, 121, pp.137-138, 201-202.

Drucker, P. F. (1974) *Management : Tasks, Responsibilities*, Practices, HarperBusiness, p. 456.

Evans, P. and T. S. Wurster (2000) *Blown to Bits*, HBS Press, p. 228.

Festinger, L. (1957) *A Theory of Cognitive Dissonance*, Stanford.

Hofstede, G. (1991) *Cultures and Organizations*, McGraw-Hill.

Milgrom, P. and J. Roberts (1992) *Economics, Organization*, and Management, Prentice Hall p. 265.

Mintzberg, H. (1989) *Mintzberg on Management : Inside Our Strange World of Organizations*, Free Press, p. 225.

Peters, T. J. and R. H. Waterman, Jr. (1982) *In Search of Excellence*, Warner Books, p. 15, pp. 75-76, p.77.

Prusak, L. and D. Cohen (2001) "How to Invest in Social Capital," *Harvard Business Review*, 79-6, pp. 86-93.

Schein, E. H. (1992) *Organizaitonal Culture and Leadership* (2nd ed.), Jossey-Bass, pp. 72-75, p, 243.

Simon, H. (1996) *The Science of the Artificial* (3rd ed.), MIT, p. 42.

Weick, K. E. (2001) "Substitutes for Strategy," in *Making Sence of the Organization*, Blackwell, p. 345-346.

──《推薦図書》──

1. Peters, T. J. and R. H. Waterman, Jr. (1982) *In search of Excellence*, Warner Books.（大前研一訳『エクセレント・カンパニー』英治出版，2003 年）

    世界の超優良企業に共通する特徴を分析した古典的名著である．

2. Collins, J. C. and J. I. Porras (1994) *Buiet to Last*, Harper Business. (1995)（山岡洋一訳『ビジョナリーカンパニー』日経 BP 出版センター，1995 年）

    長年優れた業績をあげている 18 社をライバル企業と比較分析し，理念の重要性を主張している．

3. Prusak, L. and D. Cohen (2001) "How to Invest in Social Capital," *Harvard Business Review*.（沢崎冬日訳『人と人の「つながり」に投資する企業』ダイヤモンド社，2003 年）

    組織におけるソーシャル・キャピタルの重要性について詳しく述べられている．

第7章の要約

　本章では，グループ経営の優位性であるシナジーの生起と本社戦略について説明する．1. の「シナジーとは何か」では，シナジーの定義，形態，そして，シナジーとラップについて説明する．2. の「本社戦略のスタイル」では，本社戦略の比較を行いながら，あわせてコントロール方法にも触れる．3. の「ペアレンティング」では，親会社としての本社の特性と親子関係としての母性原理，父性原理について説明する．4. の「ペアレンティングからパートナリングへ」では，親子関係の進化について言及する．

第7章 グループシナジーと本社戦略

1. シナジーとは何か

　シナジーの追求は，とくに多角化された大企業のマネジメントで普及している．多角化された企業は，既存事業と関連する事業分野への多角化と既存事業と関連性の少ない分野への多角化という2つのタイプがある．関連多角化は成功する確率は高いものの，大きなリターンは期待できないのに対し，非関連多角化は成功する確率は低いものの，成功すれば大きなパフォーマンスを獲得できるといわれている．

　関連または非関連のどちらの多角化であれ，複数の事業を展開する企業は，シナジーという相乗効果を手にすることができるが，しかしながら，こうしたシナジーの開発は，成功よりも失敗に終わるケースが少なくない．なぜなら，経営者やマネジャーたちのシナジーに関する知識や理解があまりにも不足しているからである．そこで，ここでは，多角化企業とシナジーについて触れてみよう．

　シナジー（synergy）という言葉は，ギリシャ語のsynergos（シナゴス）に由来し，その意味は，共に働く（working together）である．ビジネスで使用する場合，シナジーは2つないしそれ以上の企業やビジネスユニットが，仕事を分担するよりともに働くほうがより大きな価値を生む能力と定義することができる．

　ビジネスにおいて，シナジーは大きく6つの形態に区別することができる（Goold and Campbell, 1998）．第1の形態は，ノウハウの共有（shared know-how）である．多くの企業がコア・コンピタンスやベスト・プラクティスの共有を重視しているとおり，複数の企業やユニットは知識やスキルの共有から利益を得ることができる．第2の形態は，見える資源の共有（shared tangible resources）である．製造施設やリサーチ・ラボラトリーの共用など，複数の企業やユニットは物理的な資産や資源の共有によって多額の資金を節約すること

ができる．第3の形態は，交渉力の共同（pooled negotiating power）である．調達の共同により，異なるユニットはサプライヤーとの交渉力を高めるだけでなく，コストの削減や調達品の品質を大幅に改善できる．第4の形態は，戦略の調整（coordinated strategies）である．2つないしそれ以上の戦略を一直線にあわせることは，企業の優位として働く場合がある．第5の形態は，垂直統合（vertical integration）である．あるユニットからその他のユニットへ製品・サービスの流れを調整することは，在庫コストの低減，迅速な製品開発，生産能力利用の拡大，市場接近の改善ができる．第6の形態は，新ビジネスの創造（combined business creation）である．新しいビジネスの創造は，異なるユニットのノウハウ結合，さまざまなユニットから区別された活動を引き抜き，それらを結合して新しいユニットにすること，ジョイント・ベンチャーや戦略提携によって促進することができる．

多角化企業にとってシナジーの開発は，ライバルに対して大きな競争優位性につながる取り組みであるが，無理にシナジーの開発を推し進めると，シナジーの罠（trap）にはまったり，あるいはマイナスの相乗効果を意味するアナジー（anergy）に陥る危険性がある．多角化企業のマネジャーが注意しなければならないのは，シナジーが大きな効果を生み出すという甘い幻想や勝手な思い込みというバイアス（bias）に取りつかれ，誤った判断を下しマネジメントを行うことである．マネジャーが陥りやすいシナジー幻想，つまり，勝手な思い込みというバイアスは，主に4つに区別ができる（Goold and Campbell, 1998）．

第1の思い込みは，シナジー・バイアス（synergy bias）である．経営者が利益を過大評価してシナジーのコストを過小評価してしまうことである．たとえば，コングロマリットのようなグループ経営を担うマネジャーを考えると，株主に対する最大の貢献はシナジーを開発して企業価値を高めると考える傾向が強いが，こうした勝手な思い込みや強迫観念が強引なシナジーの追求に伴う無駄な投資と愚かな決定を招く理由となっている．

第2の思い込みは，ペアレンティング・バイアス（parenting bias）である．

シナジーとは，ビジネスユニットを協力するようにおだてたり，説得することによってのみ獲得されるものと信じることである．経営者たちは，ビジネスユニットのマネジャーが自分の権限と利益のみを追求するあまり，お互いに協力するという考え方は持ち得ない．このため，親会社が介入し，ビジネスユニット間の横断的な取り組みを促進しなければならないと勝手に思い込むことである．

第3の思い込みは，スキル・バイアス（skill bias）である．シナジーを達成するために必要なノウハウは，組織内において入手できると勝手に仮定することである．経営者は，シナジーを生み出すノウハウは，自分にあるものと勝手に思い込んでいる．ところが，経営陣の中には，肩書きにもかかわらず，コラボレーションに必要な知識，人間関係，指導力に欠く者，最後までシナジープログラムをやり遂げる根気や資質を欠いた人物も存在するため，取り組みが頓挫してしまうことも少なくない．

第4の思い込みは，アップサイド・バイアス（upside bias）である．シナジーの潜在的な利益のみを重視するあまり，マイナスの悪い面を見落としてしまうことである．これは楽観バイアスともよばれるものであり，経営者がコラボレーション，チームワーク，共同作業こそ本質的に組織に有効であると勝手に思い込み，効果が曖昧なまま実施されることである．

ブラウンとアイゼンハート（Brown, S. L. and K. M. Eisenhardt, 1998）は，「過剰なシナジー」と「希薄なシナジー」の落とし穴について，それぞれつぎのように述べている．

過剰なシナジー（too much collaboration）の落とし穴に陥る企業にみられる第1の共通点は，確固とした展望がないことである．つまり，マネジャーがシナジーの形成や構築を軽視するなど，展望に欠くことである．第2の共通点は，すべてにおいてシナジーの構築をしようとする点である．シナジーの対象を絞らず，なんでもかんでもシナジーの形成に走り，実のないシナジーに陥ることである．第3の共通点は，すべての事業を平等に扱う点である．すべての事業

を平等に扱い優先順位を付けないため，シナジーを活かすことができない．

一方，希薄なシナジー（too little collaboration）の落とし穴に陥る企業にみられる第1の共通点は，責任者が不在な点である．つまり，シナジーの形成について深く理解しないマネジャーが関与することである．第2の共通点は，恣意的なシナジーの形成である．つまり，シナジーが生起される場合もあれば，シナジーが存在しない場合もあることである．第3の共通点は，誰もがスター志向という点である．各事業が個々の成功を追い求めることがシナジーを妨害するのである．

こうした過剰なシナジーと希薄なシナジーを回避し，「最適なシナジー」の形成に成功している企業にみられる第1の共通点は，シナジーの選択を現場のマネジャーにまかせることである．つまり，全社戦略と現場の戦術を結合するミドル・マネジャーにまかせ，理想的な選択と現実的な選択の妥協点を見出している．第2の共通点は，シナジーの対象を絞り込むことである．つまり，シナジーの形成により高い利益が見込まれる分野に的を絞っている．第3の共通点は，各事業に独自性がある点である．シナジー活動において，各事業を平等に扱わず，役割を振り分けていることである．

2. 本社戦略のスタイル

本社戦略は，主に3つのマネジメント・スタイルに類型化することができる（Goold, Campbell and Alexander, 1994）．タテ軸に戦略の中央集権化の程度を示す「計画面の影響」，ヨコ軸に短期的な財務目標の重要性の程度を示す「統制面の影響」から，本社戦略のスタイルは図表7-1のように表すことができる．

第1のスタイルは，戦略の中央集中化度が高く，財務目標の重要性の程度が柔軟に該当する戦略計画型（strategic planning）である．戦略計画型スタイルは，コア事業の強化と周辺事業の売却，ビジネスユニット間のシナジーの誘発や新規事業の開発を通じて，新しい価値創造，コア・コンピタンスの創造に主眼が置かれている．コーポレート・センターは，予算，資金配分，制度，手続

図表7−1　本社戦略のスタイル

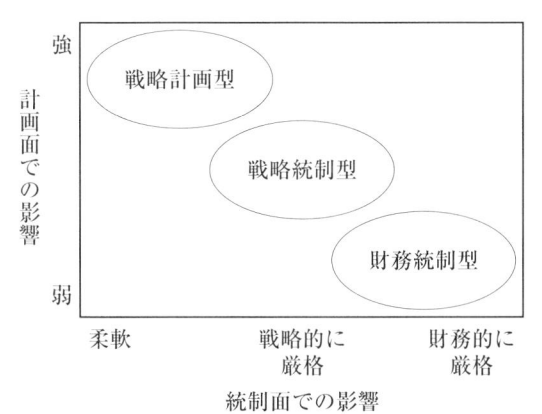

（縦軸：計画面での影響　強〜弱）
（横軸：統制面での影響　柔軟／戦略的に厳格／財務的に厳格）

- 戦略計画型
- 戦略統制型
- 財務統制型

出所）Goold, M., A. Campbell and M. Alexander（1994：142）に加筆修正

図表7−2　3タイプの比較

	戦略計画	戦略統制	財務統制
本社のサイズ	大	大	小
コントロール・メカニズム			
(a) 予算管理	弱	やや強い	強
(b) 戦略計画と報告	重要	やや重要	不要
戦略策定責任	コーポレート本社	ビジネスユニット	ビジネスユニット
事業部門間相互依存性	高	やや高い	低
マネジメントアプローチ	コア・コンピタンス	リンケージ	ポートフォリオ
本社のリーダーシップ	強	中	弱

出所）Chandler, Jr. A. D.（1991：40）に加筆修正

き，ルールブックの設定など，ビジネスユニットに対して深く関与し強いリーダーシップを発揮する．このため，本社スタッフとビジネスユニット・マネジャーのコミュニケーションは非常に重要である一方，センターのリーダーシップに左右される点が懸念される．

戦略計画型スタイルは，下記のように整理することができる（図表7−2）．

① 大きな本社である．
② コントロール・メカニズムは，予算管理は弱く，戦略計画・報告は重要である．

③ 戦略策定責任は，コーポレート本社にある．
④ 事業部またはビジネスユニット間における相互依存性は高い．
⑤ マネジメントアプローチはコア・コンピタンスによって管理・評価される．
⑥ 本社のリーダーシップは強い．

　第2のスタイルは，戦略の中央集中化度が中程度で財務目標の重要性は戦略的に厳格に該当する戦略統制型（strategic control）である．戦略統制型スタイルは，戦略計画型と財務統制型という2つの短所を避けて長所を取り込むスタイルであり，明確化よりもバランスが重視される．このため，戦略目標と財務目標，長期目標と短期目標のように，一歩間違えると責任の明確さを欠き，曖昧となる危険性を内包している．戦略統制型スタイルは，センターがビジネスユニットの戦略価値と企業評価をチェックする．つまり，戦略と財務の両方のモニタリングである．ただし，ビジネスユニットの運営には介入せず，自主運営させる一方，センターはその承認や調整，ビジネスユニット間における情報の連結などにとどまる．

　戦略統制型スタイルは，下記のように整理することができる．
① 大きな本社である．
② コントロール・メカニズムは，予算管理はやや強く，戦略計画・報告は重要である．
③ 戦略策定責任は，ビジネスユニットにある．
④ 事業部またはビジネスユニット間における相互依存性はやや高い．
⑤ マネジメントアプローチはリンケージによって管理・評価される．
⑥ 本社のリーダーシップは中位である．

　第3のスタイルは，戦略の中央集中化度が低く，財務目標の重要性は財務的に厳格に相当する財務統制型（financial control）である．財務統制型スタイルは，センターが予算統制を通じてビジネスユニットに強い影響力を行使するものの，ビジネスユニットの経営には介入しない．センターは，アクティブ・イ

ンベスターとして，ビジネスユニット・マネジャーに明確な目標を与えて財務業績の改善を図ることが主な役割となる．財務統制型スタイルを採用する企業は，成熟したビジネスユニットである場合が多く，大きなイノベーションは期待できない．このため，センターは，ビジネスユニットをポートフォリオで企業評価する．

財務統制型スタイルは，下記のように整理することができる．

① 小さな本社である．
② コントロール・メカニズムは，予算管理が強く，戦略計画・報告は不要である．
③ 戦略策定責任は，ビジネスユニットにある．
④ 事業部またはビジネスユニット間における相互依存性は低い．
⑤ マネジメントアプローチはポートフォリオによって管理・評価される．
⑥ 本社のリーダーシップは弱い．

コーポレート・センターがグループのビジネスユニットや子会社の業績を評価する方法には，「財務指標によるコントロール」と「業務活動によるコントロール」という主に2つの方法が考えられる．多くの企業では，これら2つの方法をミックスして使っているが，成功している企業ほど，どちらか一方を強調するケースが多いともいわれている．図表7－3は，2つの方法を整理しまとめたものである．

第1に財務指標によるコントロール方法は，ROA（総資産利益率），総合売上成長率など，複数の客観的な指標から数字で管理する方法である．これに対し，業務活動によるコントロール方法は，ビジネスユニットや子会社の経営陣の意思決定や行動などを勘案しながら評価する方法である．

第2に財務指標によるコントロール方法は，成熟し安定した分野やビジネスユニットの独立性が高い場合に利用されることが多い．これに対し，業務活動によるコントロール方法は，不確実性が高く変化の激しい分野，あるいは本社の経営陣の事業経験が豊かな場合に利用される．

図表7－3　コントロールの方法

	財務指標によるコントロール	業務活動によるコントロール
方法	・ROA（総資産利益率），総合売上成長率など，複数の客観的な指標で管理する方法	・経営陣の意思決定や行動などを勘案して評価する方法
対象	・成熟し安定した分野 ・ビジネスユニットの独立性が高い場合	・不確実性が高く変化の激しい分野 ・本社の経営陣の事業経験が豊かな場合
コントロール	・本社と各ビジネスユニットのマネジャー間におけるやり取りが少ない ・実行がやさしい ・本社の経営陣にとってもっとも楽なやり方	・本社と各ビジネスユニットのマネジャー間におけるやり取りが多い ・組織の仕事が増加するやり方

出所）Collins and Montgomery（1998）を参考に作成

　第3に財務指標によるコントロール方法は，実行がやさしいものである．本社と各ビジネスユニットのマネジャー間におけるやり取りも少なく，本社の経営陣にとってもっとも楽なやり方である．これに対し，業務活動によるコントロール方法は，本社と各ビジネスユニットのマネジャー間におけるやり取りが多く，組織の仕事が増加するやり方であるとされている．

3. ペアレンティング

　複数のビジネスで構成された多角化企業，マルチビジネス（multi-business）企業では，コーポレート本社（corporate headquarters），コーポレート・センター（corporate centre）ともよばれる本社が成功のカギを握っている．多角化企業における企業間競争では，グループやビジネスを束ねる本社の経営能力いかんによって競争優位が決定されるからである．こうした本社の経営能力は，ペアレンティング（parenting）とよばれている．

　親会社を意味する本社の性格は，図表7－4のとおり，大きく5つの特性から構成されている（Goold, Campbell and Alexander, 1994）．

　第1の特性は，親のメンタル・マップ（mental maps）である．これは親会

図表 7 − 4　メンタル・マップ

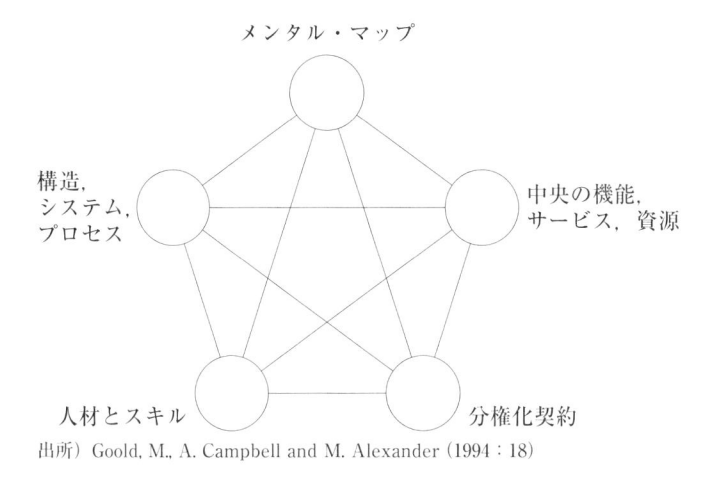

```
           メンタル・マップ
              ○
構造,      ╱│╲╲      中央の機能,
システム, ○─┼─○      サービス, 資源
プロセス   ╲│╱╲
          ○───○
       人材とスキル  分権化契約
```

出所）Goold, M., A. Campbell and M. Alexander (1994：18)

社のマネジャーが子会社と対処するときの指針となる「価値観」「野心」「経験則」「バイアス」「成功の方程式」である．

　第2の特性は，ペアレンティングの構造，システム，プロセスである．これは親会社の価値創造のメカニズムである．たとえば，階層数，マトリクスの有無，任命プロセス，人的資源システム，予算・計画プロセス，資本承認システム，意思決定構造，振替価格システム，その他の調整と連結メカニズムは，すべてペアレンティングの重要な側面である．

　第3の特性は，中央の機能，サービス，資源である．コーポレートスタッフ部門や中央の資産はラインのマネジャーによる価値創造の努力を支援すべきである．

　第4の特性は，人材とスキルである．親会社は経営者やマネジャーなど，ユニークなスキルをもつ人材を抱えているのでしばしば価値創造できる．

　第5の特性は，分散化契約である．親会社とビジネス間における分散化契約とは，普通，親会社に影響されるものとビジネス・マネジャーへ分散されているものを規定するものとである．たとえば，権限の範囲，職務記述書，公式な

図表７−５　ペアレンティングの原理

	父性原理	母性原理
機　能	切　る	包　む
目　標	個人の確立 個人の成長	場への所属（おまかせ） 場の平衡状態の維持
人間観	個人差（能力差）の肯定	絶対的平等感
序　列	機能的序列	一様序列性
人間関係	契約関係	一体感（共生感）
コミュニケーション	言語的	非言語的
変　化	進歩による変化	再生による変化
責　任	個人の責任	場の責任
長	指導者	調整役
時　間	直線的	円環的

出所）河合隼雄（1992：22）

ステートメントである．

　ペアレンティング（parenting）は，もともと"親をすること"を意味するものである．つまり，親性，親業，育児などであり，より具体的には親子関係のことを指している．そして，親子関係は，主に母性原理と父性原理という２つの性格が挙げられる．以下では，臨床心理学者の河合隼雄（1976）の指摘などを参考にそれぞれの性格について触れてみよう（図表７−５）．

　第１の性格は，父と子の関係を示す「父性原理」である．父性とは，父親としての本能や性質を意味する．父性原理は「切断する」「父の膝の上」と表すことができる．つまり，主体と客体，善と悪，上と下のように，すべてのものを切断し分割しながら，その能力や個性に応じて類別する原理である．したがって，父性原理は，個人差や能力差を肯定するものである．父性原理は，個人の成長，自我の確立，欲求充足に高い価値を与える倫理観であり，「個の倫理」が重視される．父性原理は，肯定的には強い者を育てる建設性をもつが，否定的には切断の力が強すぎることから由来する破壊性をもつ．最後に，鍛え育てる父性原理は，神と契約する民を意味するキリスト教の原理を表すため，和を好む母性原理を強烈に否定した西洋社会の発想といっても過言ではない．

　第２の性格は，母と子の関係を表す「母性原理」である．母性とは，女性が

もっている，母親としての本能や性質であり，子を生み育てる機能を意味する．母性原理とは「包含する」「母の懐の内」のことである．つまり，一方で生み育てるものである反面，他方では良いもの悪いものすべてのものを包み込み（呑み込み）ながら，個性や能力に関係なく平等に扱う絶対的平等感という原理である．したがって，少しむずかしい表現をすれば，与えられた場の平衡状態の維持を目標としている．母性原理は，個人的な欲求を満たすことよりも，全体の場のバランスを維持しながら一体感を大切にする「場の倫理」が重視される．母性原理は，肯定的には生み育てるという機能をもつが，否定的には一体感という根本原理の破壊を許さぬため，個を呑み込んでしまい，その自立を妨げてしまう．最後に，母性原理は，慈しみ育てる，いわば仏教の精神と連動するため，東洋または日本社会の発想として，競争や闘争を好む西欧社会のものと性格を異にするともいわれている．

4. ペアレンティングからパートナリングへ

通常，人間や家族にみる親子関係は時間とともに変化する．幼児期，子どもは母親の愛情をたっぷりと浴びながら，すくすくと成長する．そして，青年期を迎えると，子どもは母親の愛情から少しずつ自立する一方，父親の背中をみながら大人としてのあり方を学んでゆく．そして，最後は，親が子を支える段階から子が親を支える親子逆転を迎えるのである．

こうした，人間や家族にみる親子関係の進化は，グループ企業における親子関係にも同じことがいえそうだ．コーポレート本社とビジネスユニットないし子会社との親子関係は，時間とともにそのあり方は進化すると考えられる．新しくビジネスユニットや子会社を設立した初期の親子関係では，ビジネスユニットや子会社は親であるコーポレート本社の資源や知識の移転に大きく依存する．すなわち，親が子を慈しみ育てる母性原理優位のペアレンティングが行われるのである．しかしながら，母性優位のペアレンティング関係は永遠に続かない．というのも，ビジネスユニットないし子会社は，その後，時間の経過

とともに独自経験や資源能力の蓄積を行いながら，親からの自立に向かうためである．こうした独り立ちの時期を迎えると，親であるコーポレート本社が採用する戦略は，慈愛によるマネジメントから，自立を促し鍛え育てるマネジメントに大きく転換する．つまり，母性原理によるペアレンティングから父性原理優位のペアレンティングへ大きくシフトするのである．母性原理から父性原理への転換を図りグループ成長を達成した事例として，古河グループが挙げられる．古河電気工業→富士電機→富士通→ファナックというとおり，古河グループでは，将来有望な成長事業を企業内に抱え込まず，切断して積極的に独立させる自主独立型のグループ経営で成功を収めてきた．

　日本企業のグループ経営のひとつの課題は，強い子で形成されたグループ経営というよりも，強い子と弱い子が入り混じるグループ経営のため，コングロマリット・ディスカウント（グループ総体の事業価値が個別事業の事業価値の総和を下回る現象）によりグループシナジーの生起やグループ企業価値が打ち消されてしまうことである．この背景には，親であるコーポレート本社が母性原理優位のペアレンティングから脱皮できない構造的な理由が考えられる．グローバルなグループ企業間競争に打ち勝つためには，親やグループ全体に貢献する子を作らなければならない．そのために必要なのは，慈しみ育てるから，弱い子を鍛えて強くする，弱い子は切り捨てる父性原理優位のペアレンティングに転換することが不可欠だろう．そして，最終的なグループ経営の青写真は，自立した子と強い親からなる対等な親子のリレーションシップを構築することである．こうした段階は，もはや親が子を慈愛や鍛えにより育てるペアレンティングの段階ではなく，むしろ，子が親と協力して競争優位とイノベーションを創造するパートナリングの段階であるといってもよい．パートナリングは，対等な親子がお互いに知恵と力を出し合い，シナジーやイノベーションを生み出しグループ価値を高め，厳しい企業間競争に立ち向かうことを意味するのである．

図表7-6　人間の進化スピードの違い

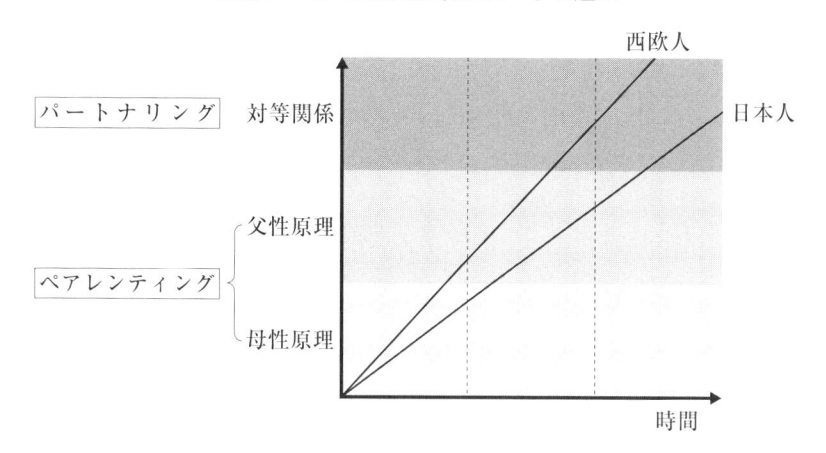

モンゴロイドとネオテニー

　脳科学によると，モンゴロイド（黄色人種）であるわれわれ日本人は，ネグロイド（黒色人種），コーカソイド（白色人種）に比べ，幼い時期の特徴を保ったまま成熟し，繁殖する意味であるネオテニー（幼形成熟）が進んでいるそうだ．そして，幼形成熟は厳しい環境でなることが多いという．澤口（2000）によれば，他人種に比べ，モンゴロイドは，脳が平均50～150gも重いものの，幼児性や未熟化が長いという．おおよそ6万年前モンゴロイドが進出した寒冷地域では，厳しい環境で生き抜くために多くの学習が必要となった．そして，たくさん学習するには学習する期間が長い方がよく，この結果，モンゴロイドのネオテニーは進んだといわれている．

　欧米人に比べ，われわれ日本人の親離れまでの時期が長いとか自立できない理由のひとつには，ネオテニーの進化が挙げられる．もっと単純にいうと，幼形成熟が進んでいない欧米人に対して，それが進んでいる日本人は子育て期間が長く，しかもこの間におけるしつけが非常に大切だということである．つまり，子育て期間中，たっぷりと長くペアレンティングすることが必要なのである．

演・習・問・題

問1　シナジーとは何か説明しなさい．
問2　本社戦略のスタイルについて説明しなさい．
問3　ペアレンティングの母性原理について述べなさい．

参考文献

Brown, S. L. and K. M. Eisenhardt（1998）*Competing on the Edge*, Harvard Business School Press.（佐藤洋一訳『変化に勝つ経営』トッパン，1999年）

Chandler, Jr. A. D.（1991）"The Functions of the HQ Unit in the Multibusiness Firm" *Strategic Management Journal*, Vol. 12, pp. 31–50.

Goold. M., A. Campbell and M. Alexander（1994）*Corporate-Level Strategy : Creating Value in the Multibusiness Company*, Wiley.

Goold, M. and A. Campbell（1998）Desperately Seeking Synergy, *Harvard Business Review*, Sep-Oct, pp. 131–143.

河合隼雄（1992）『子どもと学校』岩波新書

河合隼雄（1997）『母性社会日本の論理』講談社

林道義（2002）『家族の復権』中公新書

澤口俊之（2000）『平然と社内で化粧する脳』扶桑社

ハーバード・ビジネス・レビュー（2001）『経営戦略論』ダイヤモンド社

山本功・佐野睦典・岡田利恵子（1994）『大企業再生戦略』（上・中・下）野村総合研究所

《推薦図書》

1. 河合隼雄（1997）『母性社会日本の論理』講談社
   親子関係を母性原理，父性原理という2つの概念を用いて説明した書．
2. Brown, S. L. and K. M. Eisenhardt（1998）*Competing on the Edge*, Harvard Bussiness School Press.（佐藤洋一訳『変化に勝つ経営』トッパン，1999年）
   過剰なシナジー，希薄なシナジーという概念を用いてシナジーを説明した書．

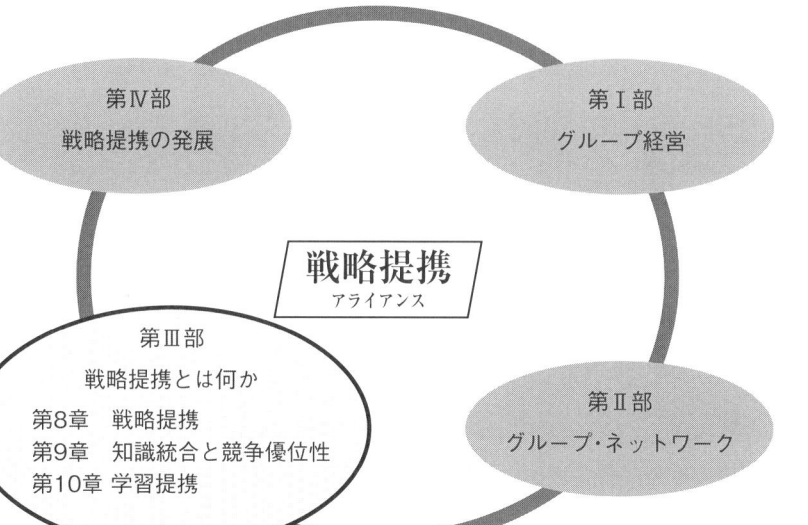

第Ⅲ部
戦略提携とは何か

- 第Ⅳ部 戦略提携の発展
- 第Ⅰ部 グループ経営

戦略提携
アライアンス

- 第Ⅲ部 戦略提携とは何か
  - 第8章 戦略提携
  - 第9章 知識統合と競争優位性
  - 第10章 学習提携
- 第Ⅱ部 グループ・ネットワーク

第8章の要約

　ここ数十年の産業構造におけるもっとも大きな変化は，提携数の増加であろう．事実，多様な産業で提携する企業が増加している．もちろん提携は，かねてから企業が成長するうえでの重要な手段であった．そのため，企業が提携を利用するのは，別に新しいことではない．しかし，ハイテク分野などにみるように，技術と市場が同時に，しかも，短期間に変化する環境では，単一企業のもつ経営資源で環境適応することが困難になってきている．いまや，外部企業の経営資源を自社の内部資源に連動させる戦略提携は，ますます企業の重要な戦略オプションになりつつある．

第8章　戦略提携

1. 戦略提携の特徴

　提携がとりわけ重要な戦略手段となるのは，企業が新しい事業分野に進出する場合や，事業展開を地理的に拡大する場合，つまり海外進出する場合などである．とくに，後者の場合，海外展開した企業は，現地企業を通し，現地市場へのチャネルなどのアクセスを獲得し，現地企業は技術力やマーケティング力などの経営のノウハウを吸収するというような，相互補完的な提携が成立していた．

　また前者の新しい事業分野への進出にしても，中核事業となる分野ではなく，あくまでも周辺事業での提携関係の構築が多かった．そのため，提携事業によってドラスティックに業界の競争構造を変革するといった提携や，自社の中核事業そのものを変えるといった提携は少なかった．

　このような提携関係の特徴が生み出されるのは，海外進出パターンにみるように，パートナーが経営資源的にも格差があり，かつ競争関係にない企業との提携が主なものだったからである．したがって，提携関係も，信頼，信用をベースとした長期的な関係の下に，チャネル，ブランドなどの経営収益に直結するような経営資源のアクセスを狙いとしていた．また，両社が必ず提携を通じて利得を獲得できるというウィン―ウィンの結果を前提としていた．つまり，図表8－1でみるように既存の提携は，戦術的なものを非競争相手と行うという第3象限に位置づけられる提携が多かったということである．

　しかし，90年代の後半に入り，グローバル競争の激化，市場ニーズの多様化，技術革新の増大などによって企業の提携に対する戦略的位置づけも大きく変化してきた．いままでの提携は，自社で単独で行うことができない場合にとられるセカンドベストの戦略であった．しかし，技術と市場が同時にダイナミックに変化するハイテク分野などでは，多くの企業が提携を環境変化に適応するファーストベストの戦略として提携を位置づけ始めている．

第8章 戦略提携

図表8－1　戦略提携の分類

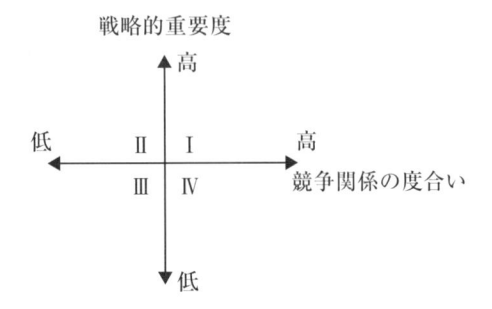

```
        戦略的重要度
            ↑高
            │
    低  Ⅱ │ Ⅰ   高
    ←──────┼──────→
        Ⅲ │ Ⅳ   競争関係の度合い
            │
            ↓低
```

　かつては自前主義を標榜していた日本電気では，130以上の提携を進行させているし，IBMも400以上の提携関係を結んでいると報告している．企業が多様な提携関係を構築する理由は，当然のことながら単一企業での環境適応が困難になってきたからにほかならない．つまり，多くの企業が単一関係から多様な関係を構築することによって，戦略的に環境適応しようとしている．とりわけ，ハイテク産業分野での技術標準を巡る競争では，いかに早く多くの有力企業とネットワークを構築するかが，競争優位性構築の鍵になってきている．

　しかし，提携数が増加したということが戦略提携の特徴ではない．提携が戦略的といわれるようになったのは，提携パートナーの変化が挙げられるからである．たとえば，半導体分野では，DRAM（記憶保持動作が必要な随時書き込み読み出しメモリー）という日本企業の強みとする製品分野で，富士通と東芝が共同開発の提携を結んでいる．つまり，戦略提携の第1の特徴は，資源的に対等な企業同士が手を結んでいることである．しかも，このような経営資源的に対等な企業同士が，周辺事業分野で提携するのではなく，中核事業となる分野で提携を行っていることである．これが戦略提携の第2の特徴であろう．

　しかし，これらライバルメーカーとの提携関係は，あくまでも特定分野での提携関係であり，依然として他の分野では激しい競争を展開しているのである．先の東芝と富士通の例でいえば，家電分野では依然として激しい競争を展開している．つまり，競争と協調が入り組んだ関係になるのが戦略提携の第3の特

図表 8 − 2　戦略提携の特徴

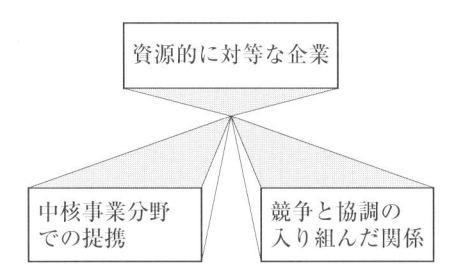

```
           資源的に対等な企業
               ↑
      ┌────────┴────────┐
  中核事業分野        競争と協調の
    での提携         入り組んだ関係
```

徴といえるであろう．したがって，戦略提携では，ひとつの関係が戦術的なものであっても，その関係が別の関係と連動することできわめて戦略的になるということもある．

　たとえば，三菱重工業は1987年に新しい戦闘機開発の日米プロジェクトに参加したが，この提携の参加への戦略的意図は，もうひとつの日本航空機開発協会が中心となって行われていた商業航空機開発の提携と密接にリンクしていた．つまり，三菱重工業の戦闘機開発の提携に対する戦略的意図は，戦闘機開発の技術を商業用航空機開発のそれに利用するために行われたのである．以上述べた戦略提携の特質をまとめると図表 8 − 2 のようになろう．

2.　戦略提携の効果

　上記のような特徴を有する戦略提携を企業が行うのには，つぎのような効果があるからである．

(1) リスクの分散

　戦略提携には，新事業に投資をする際のリスクやコストを分散できるという効果がある．たとえば，医薬やハイテク分野などの開発競争にみるように，ひとつの製品を開発するのに巨額の投資がかかるにもかかわらず，その成功がきわめて不確実な場合，一企業が単独で開発費を負担することはきわめてリスクが高くなる．しかし，規模的にも対等な企業と提携することで，パートナー間

でコストを配分することにより、失敗の際のリスクを分散することができる。

(2) 規模の経済性

戦略提携の効果として、もっともよく取り上げられるものである。企業が個別に事業運営していては実現できない規模の経済によるコスト優位を、提携することによって実現しようとするものである。たとえば、複数企業が研究開発や生産・物流などの機能を統合することにより、各企業が個別でマネージするより、効率性を向上させることが可能になる。

(3) 資源へのアクセス

戦略提携によって、新たな業界もしくは業界内の新セグメントへ進出することが可能になる。たとえば、現在、自社のもつ資源では、ある業界に進出することが困難な場合、戦略提携を利用することで、多大なコストをかけず、その業界の進出に必要な資源を獲得することが可能になる。

(4) ネットワーク競争への対応

戦略提携によって、自社に優位な競争環境を創り出そうということである。たとえば、ハイテク分野の規格間競争で、自社の開発した技術を市場の標準化（デファクト・スタンダード）にするためには、他の競合メーカーと提携しなくてはならないということである。提携をとおしてパートナー企業に、自社あるいは共同で開発した規格や技術を採用させることにより、業界において自社に有利な競争環境を創り出すことが可能になる。

(5) 競争からの学習

戦略提携を行ううえで、もっとも重要な効果といっても過言ではない。戦略提携は、競争企業から重要なスキルや能力を学習するために用いられるということである。しかも、パートナーから学習されたスキルや能力は、その提携だ

けではなく，企業全体の競争力も向上させることにつながっていくのである．

3. 戦略提携とインタンジブル資源

　戦略提携とは，資源の獲得や，リスク分散などの効率的な手段であると同時に，危険な戦略でもある．とくに，戦略提携にはつぎのようなリスクがいつも取り上げられている．そのリスクとは，提携パートナーが，提携の枠内にとどまらず，その提携で培ったノウハウを転用することで，他の事業分野でもより効果的に競争するためのスキルや能力を獲得・育成してしまうリスクである．つまり，提携が学習レースとなる危険性である．提携が学習レースとなった場合，少なくとも一方の提携パートナーのパフォーマンス向上能力を減殺してしまうことがある．

　このようなリスクが伴う戦略提携は，事実，数量的には増大しているが，失敗する事例も数多く見受けられる．あるコンサルティング機関の調査では，10の提携のうち7つは失敗すると報告されている．しかし，単純に解消を失敗と決めつけることはできない．というのは，提携関係が戦略的になればなるほど，その関係はきわめてドライなものになり，期間に関係なく目的を達成すれば，その関係は解消されるということになるからである．たとえば，モトローラと東芝は，半導体分野で何十年間も続けてきた合弁関係を，その目的を達成したという理由で解消している．したがって，戦略提携のひとつの成功尺度としては，提携以前よりも競争力が強化されたかどうかということが問題になる．つまり，提携を通じて狙いどおりの経営資源を獲得できたかどうかということが，戦略提携の成功尺度となる．

　その成功の尺度となる経営資源には，タンジブル資源（目に見える資源）とインタンジブル資源（目に見えない資源）の2つのタイプがある．設備，カネ，ヒトなどのタンジブル資源は，市場での調達が可能であるが，技術，マネジメント・ノウハウ，ブランドなどのインタンジブル資源というのは市場からすぐに調達できない．

インタンジブル資源は，企業が長期的な事業展開を通じて蓄積してくる企業特有の経営資源である．この2つの経営資源のうちで，企業に持続的な競争優位性を与えるのが，インタンジブル資源である．たとえば，製品名が社名になった味の素というブランドは，長い年月を要して築き上げられたブランドである．いくら競争企業が多額の研究開発費を投じて似たような新製品を開発し，市場に投入しても，消費者が味の素に抱く愛顧度まで購入することはできない．

たんにタンジブル資源の獲得を狙った戦略提携が，企業の長期的な競争性優位性につながらなくなる可能性があることは，ハメルら（Hamel, G. et al.）によって調査された日本企業と欧米企業の戦略提携のインプリケーションからも明らかである．米国企業が，日本企業と提携関係を構築する場合，たんに投資コスト削減や，リスクシェアリングといった製品リンクレベルを戦略的に意図するが，日本企業の場合，戦略提携を技術移転の窓，すなわち学習の場として考えている．換言するならば，知識リンクとして戦略提携をとらえている．このような戦略的意図の差が，日本企業と欧米企業との提携関係のパフォーマンスの差となり，日本企業が欧米企業にキャッチアップする大きな要因になったと指摘されてきた．

4. 戦略提携の活用方法

戦略提携を成功裡に行うことができれば，比較的短期間にしかも大きな投資をすることなく，新たな競争力が企業にもたらされる．しかし，その反面，前述したように，一歩間違えれば自社の競争優位性を相手企業に移転させたり，新たな競争相手を生み出す源泉になる非常に危険な戦略でもある．

このような特徴を有する戦略提携には，パートナーに技術に関する実施権を与え，製品を製造販売してもらう技術ライセンシングから，共同で出資することで会社をつくる合弁までさまざまなタイプがある．それでは，戦略提携のさまざまなオプションをどのように活用すればよいのか．

ブレーキとアーンスト（Bleek and Earnst）は，事業の拡大と地域性という2

図表 8 － 3　戦略提携のタイプ

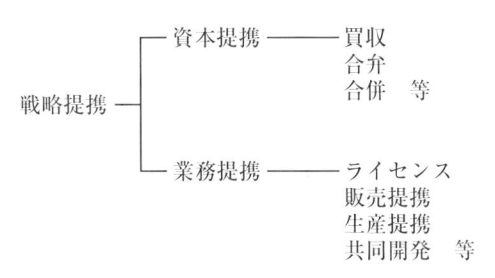

```
                ┌─ 資本提携 ──── 買収
                │                合弁
戦略提携 ───────┤                合併　等
                │
                └─ 業務提携 ──── ライセンス
                                 販売提携
                                 生産提携
                                 共同開発　等
```

つの要因を軸に，買収と提携の選択方法を議論している．彼らの研究によれば，本業の拡大には提携も買収も有効であるが，既存事業において新たな地域へ進出する場合，また新規事業に参入する場合には提携の方が有効であるとしている．

　買収の場合は地域的な重なりが成功につながるが，提携は逆に地域的に重ならない方が成功確率が高いという調査結果を出している．買収の成功例の内容をみると，買収を行った企業は，かなり以前からプレゼンスがあり，かつ本業の展開であった．逆に提携の場合，提携先企業と事業展開の活動地域がオーバーラップすると，競争が生じ提携の成功確率は低くなるという．

　また，ロバーツとベリー（Robert and Berry）も，技術と市場の精通性という軸を開発することで，参入戦略を提起している．彼らによれば，新規分野が当該企業の基盤をなす精通した事業から距離を置いたものであればあるほど，買収ではなく，提携やライセンスなどの経営資源のコミットが少ない参入戦略が選択されるべきだという．換言するならば，市場と技術に関してもっている知識の量が，参入戦略を決定するということである．

　これらの研究からわかることは，クロスボーダーで提携や買収などの戦略提携を展開する場合，技術などの内部資源および市場や地域といった外部環境に対してどの程度の知識をもっているかによって，戦略提携のオプションがかなりの程度決定されるということである．

　いままでの既存研究をベースに，試論的に戦略提携の活用枠組みを示すと図

表8－4のようになるであろう．縦軸は，事業に関する知識で，高いという意味は本業でかつ海外での事業立ち上げのノウハウを豊富にもっているという意味である．横軸の，海外地域の知識で高いという意味は，その地域に輸出や販売代理店などを通じて，本格的な海外直接投資の前からかなりの知識を保有しているという意味である．

この2つ軸をクロスさせることで，4つの象限ごとに戦略提携の活用方法が導き出される．第Ⅰ象限では，進出地域や事業についても知識が豊富なことから，買収がもっとも適した戦略となる可能性がある．

第Ⅱ，第Ⅳ象限のように事業や進出する地域のどちらかの知識が欠けている場合には，他の戦略提携の手段がベストとなるであろう．もちろん第Ⅱ，第Ⅳ象限でも買収を行う可能性はある．しかし，既存の研究からもわかるように，地域と事業知識のどちらかが欠けた場合，やはり成功する確率は低くなる可能性がある．バブル期に，多くの日本企業が海外で展開した買収は，本業とはほど遠い事業の買収が多かった．そのため，多くのケースが失敗に終わり，数年後には大幅な為替損益とキャピタルロスを計上して撤退を余儀なくされた．

そのためにも，どちらかの知識が欠けている場合には，他の提携手段を通じて欠けている知識を補い，最終的に買収にもち込むのがベストな戦略であろう．事実，解消した提携のうち70％が，どちらかの企業に買収されている．

第Ⅲ象限の場合は，地域も事業に関する知識も乏しいことから不確実性が非常に高くなる．そのため，戦略提携を行う場合でも，資本提携などのタイトな提携関係ではなく，技術供与などのかなりゆるやかな提携の選択がベストと考えられる．

いつどのように戦略提携を活用するかという問題は，国内であれ海外であれ，やはり事業知識の度合いと，その事業を展開する地域と市場の知識を勘案して決定されなくてはならないということが理解できる．

事業や地域市場のもつ知識と同様に，戦略提携を利用するかどうかで重要になるのがコア能力の明確化である．つまり，自社のコア能力になりうるものは

図表 8-4　戦略提携の活用枠組み

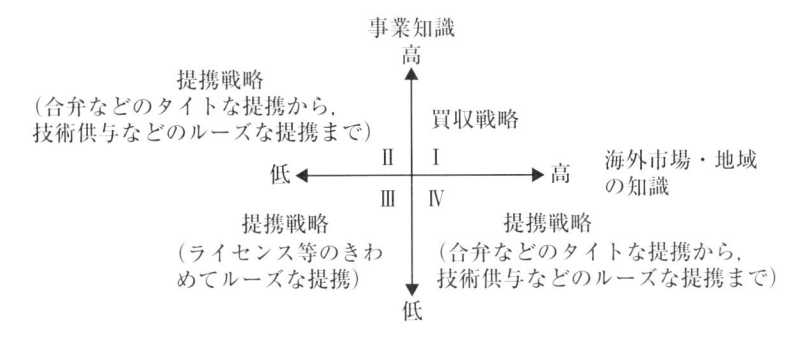

```
                        事業知識
                          高
   提携戦略              │
（合弁などのタイトな提携から，    買収戦略
 技術供与などのルーズな提携まで）  │
                    Ⅱ │ Ⅰ
          低 ←─────────┼─────────→ 高  海外市場・地域
                    Ⅲ │ Ⅳ               の知識
   提携戦略              │    提携戦略
（ライセンス等のきわ       │（合弁などのタイトな提携から，
  めてルーズな提携）       │ 技術供与などのルーズな提携まで）
                          低
```

何かを明確に把握したうえで，外部資源を活用するのかどうかを決定しなくてはならない．

　企業のコア能力と見なされるためには，少なくともつぎの3つの基準を満たさなければならない．第1に，さまざまな市場へ参入する可能性が高められなければならない．第2に，最終製品がもたらす明確な顧客利益に実質的に貢献しなければならない．第3に，競合企業にとって模倣が困難でなければならない．たとえば，ソニーの小型化技術などは，この3つの基準をみごとに満たしている．

　しかし，コア能力は，永久に企業に競争優位性を与えてくれるものではない．競争，市場環境の変化にあわせて，定期的にコア能力も新しく創り変えなくてはならない．しかし，今日のようなスピードが競争の鍵を握る時代では，新しいコア能力を，時間をかけて単一企業で構築することが困難になってきている．そのため，他の企業と戦略提携を結ぶことで，新しい資源を取り込み，すばやく新しい環境に適応するためのコア能力を構築することができる．たとえば，アメリカのシスコシステムという企業は，買収や提携を繰り返すことでコア能力を革新させ，今までの企業成長の常識を覆すような急成長を実現してきた．

　しかし，戦略提携などの他の企業の資源を活用する戦略は魅力的であると同時に，企業に将来のコア能力になる可能性のある分野への投資を躊躇させるこ

とにもなる．たとえば，バブル期に日本企業が買収に失敗した多くのケースは，自社のもつコア能力とはほど遠い分野での買収だったからである．しかし，買収の場合は内部に外部の資源を取り込むので，買収を通じてみずからの強みそのものを失うことはあまりない．ところが，コア能力が何かを認識せず競争相手と提携関係に入った場合，コア能力そのものが提携関係を通じて失われる場合がある．80年代にコスト削減の圧力から，欧米企業が自社のコア能力が何かを認識せず，戦略提携に走ったことが競争力を落とした原因であるとされている．

　たとえば，フィリップスは小型ディスク技術の将来性を見誤って松下と提携を結び，多くの技術的優位性の源泉を失うことになった．また，日本企業が早くから将来の核となる部品としてフラット・パネル・ディスプレイに取り組んできたのに対して，アメリカ企業は，ラップトップ・コンピュータや小型テレビなどの製品に必要な部品としてしかフラット・パネル・ディスプレイに関心を示さなかったために，他の事業分野へ応用可能なこの製品を，コンパックはシチズンから，TIはシャープからそれぞれ購入せざるえなくなった．

　これらの事例からいえることは，将来的に自社のコア能力になりうるものは何かということを認識しないと，コアとなる商品をどんどん外部企業の供給に依存することになってしまうということである．つまり，最終製品のマーケット・シェアだけしか目に入らない企業は，将来の成長の推進力となるコア能力に投資せず，競争相手の企業力を借りた方が最善の戦略と考え，最終的に企業の持続的優位性を失うことになる．つまり，事業と市場の知識，そしてコア能力の明確化が戦略提携を活用するうえでの重要なポイントなのである．

5. 関係性のマネジメント

　今日の企業間提携は，図表8－4の活用枠組み全体がきわめて重要な意味をもつ時代になりつつある．ある分野では，合弁などのタイトな結びつきをする一方で，ある分野ではライセンスなどの，ゆるやかな提携関係を構築する．そ

して，時には提携企業を買収するなど，環境変化に応じて戦略提携のオプションを使いわけていかなくてはならない．換言するならば，関係性のマネジメントが重要になるということである．

全社的視点から提携ネットワークをとらえることは，経営資源的にも対等な企業と，主要な事業分野で提携が展開されている今日の競争環境では，とくに戦略的に重要であろう．競争企業間で経営資源の格差が少なくなってきている時代には，かつてのように特定企業との提携が戦略的に意味をもつということは少なく，多様な企業との提携ネットワーク全体が，戦略的に重要な意味をもつ時代になってきているからである．

それでは，競争と協調が入り組んだ多様な提携ネットワークをマネジメントするには，どのような能力が要求されてくるのであろうか．要求される第1の能力は，関係焦点化能力である．多様なネットワークを張り巡らしても，それが本当にコア能力とどう連動しているかということを常に考えなくてはならない．つまり，多様な関係が構築されてくると，どの関係がもっとも自社のコア能力にシナジー効果をもたらしているのか．また，どの関係が，コア能力の変革のトリガーになる可能性をもっているのかということをみきわめる，関係の焦点化能力が要求されてくるであろう．

たとえば，ここ数年，積極的に戦略提携を展開している日立では，コンピュータ分野でライバル関係にあったIBMとの関係を強めている．2000年の大型汎用機の共同開発，ソフトウェアの相互融通，日立によるコンピュータ受託生産に続き，2001年には，次世代のCPU（大型汎用コンピュータの心臓部である中央演算処理装置）での共同開発でも同意している．日立はこの分野で他の企業とも多様な提携関係を結んでいるが，大型で高性能のコンピュータ分野では，やはりIBMとの関係が，コア能力をもっとも強化することになると認識しているのであろう．

とはいえ，今日のように技術革新や市場ニーズの変化が激しくなると，現在，関係のある業界のリーダー企業が，明日のリーダー企業であるという保証もな

い．そのため，環境や戦略の変化に応じて関係を組み替える柔軟性が要求されてくるであろう．ネットワーク関係は，決して固定化するものではなく，いままではコア能力を強化する関係であったものが，周辺的関係になることもありうる．どの関係が本当に自社のコア能力を強化する関係なのかを，定期的にモニタリングすることで関係を柔軟に変えていくという，関係性組み替え能力が要求されるのである．これが，要求される第2の能力である．

たとえば，自動車部品メーカーのオーハシテクニカは，プレス，切削，樹脂・セラミック加工などの固有技術をもつ協力工場470社とのネットワークを構築している．そして，全国に6ヵ所設けられている調達部が，協力工場がどのような設備や技術を有しているかなどの情報を事細かにデータベース化している．そして，顧客から製品の依頼を受けると，どの協力工場がもつ技術や工法を組み合わせれば顧客のもつ課題を解決できるかということを，瞬時にデータベースから見つけだして，解決案を提案するといった具合である．つまり，顧客の要請によって最適なネットワークのメンバーを組み合わせるということである．

要求される第3の能力は，互恵性構築能力である．関係を柔軟に組み替えるためには，パートナー間に敵対的な関係をもってはならない．そのため，たとえば，提携関係を通じて一方の企業が競争優位性を強化し，他方の企業が競争優位を減じるという非対称的提携関係を構築しては，関係の組み替えは困難になる．また実際に，パートナーの間に互恵関係を構築し，信頼関係を創り出さなければ，新しい知識を創造するうえでの密度の高い情報のインタラクションは不可能である．

そもそも提携関係を通して学習するというのは，ある程度の期間がどうしても必要とされる．つまり，提携を進化させるためには，相互の信頼関係を構築する必要がある．まさに，競争的協力ではなく互いに学ぶという学習的協力が必要なのである．そのためには，学習対象を明確にすることで相互の進歩をモニターし，学習ギャップを埋めるための何らかの施策を考える必要があろう．

図表 8 − 5　リレーションシップ・マネジメント能力

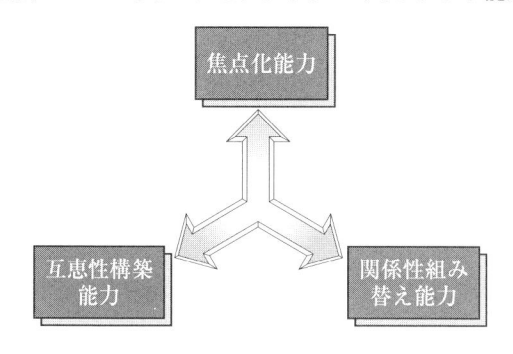

```
            ┌─────────┐
            │ 焦点化能力 │
            └─────────┘
                ↑
          ↙         ↘
┌──────────┐       ┌──────────┐
│ 互恵性構築 │       │ 関係性組み │
│   能力    │       │  替え能力  │
└──────────┘       └──────────┘
```

というのも，提携関係が崩れる大きな要因になるのが均衡が破られる時だからである．非対称的に経営資源が流れているとパートナーが認識した時，提携関係は崩壊する．

　東レとデュポンは，いちばん管理がむずかしいといわれる 50 対 50 の合弁会社を作り，ほぼ 40 年近く，その関係を続けている．この関係が続いてきたひとつの要因が，相互にコミットする資源と，合弁企業を通じて獲得する利益が明確であったため，相互に高度な信頼関係を構築することが可能だったからである．先の，オーハシテクニカの事例も，高度な信頼関係を構築しているからこそ，ネットワーク企業の組み替えが可能になる．事実，オーハシテクニカは，設立以来，製造工場をもてば，ネットワーク関係にある企業と競争関係になり，信頼関係を失うという理由から，製造工場を自前でもっていない．

　この 3 つの関係性構築に関する能力が，外部資源を内部資源に巧みにリンクする必要条件になる．しかし，十分条件ではない．というのも，複数企業との相互連結関係の利用を通じて，新しい知識を学習するためには，さまざまな組織から入ってくる多様な情報を処理し，共有化する組織デザインを形成しない限り，その情報を利用し新しい知識を創造することはできない．つまり，多様かつ複雑に広がる外部ネットワークに対応して，異質で多様な情報を関係づけてより上位の情報を創る組織内ネットワークを構築することが必要なのである．

6. 組織内ネットワークの構築

　組織内ネットワークを構築する方法としては，物理的に一定のタスク環境を組織内に創り，部門と部門との人間が情報的相互作用をできる場を構築することである．ひとつの提携にタスクフォースを組むことによって，各事業部間の横の連携が調整されると同時に，提携を通じて獲得した知識が事業部間の壁を超えて共有化されることになる．たとえば，製造部門とマーケティング部門の人間がタスクチームとしてひとつの同じ技術提携や合弁に関わることによって，製造の人間だけでは発見できなかったパートナーの有力な技術情報が，マーケティング部門の人間によって獲得される可能性もある．

　事実，ある日本とイギリス企業の合弁では，日本企業が合弁企業にさまざまな技術分野から人を派遣してきたのに対して，イギリスの企業は，特定の技術分野からしか人を派遣してこなかった．この分野の多様性が，日本企業の方が，イギリス企業より，この合弁を通じて多く学習した要因であるとされている．

　また，戦略提携を積極的に推し進めているあるエレクトロニクス・メーカーでは，提携関係に携わるスタッフを大幅に拡大し，提携への評価を一部門の利益だけではなく，多角的な視点から行うことによって，コンフリクトを防ぎかつ部門間での提携のシナジーを追究している．このように提携にかかわるスタッフを拡大したり，提携のタスクチームを形成することで，提携関係を特定の事業部門の視点から構築するのではなく，全社的視点からひとつの提携をとらえていくことが可能となる．

　全社的視点から提携ネットワークをとらえることは，経営資源的にも対等な企業と，主要な事業分野で提携が展開されている今日の競争環境では，とくに戦略的に重要であろう．前述したように，かつてのように特定企業との提携が戦略的に意味をもつということは少なく，多様な企業との提携ネットワーク全体が，戦略的に重要な意味をもつ時代になってきているからである．それゆえ，外に広がるネットワークとそれをマネジメントする組織内ネットワークを相互

にリンクさせ，そして進化させることによって，戦略提携のもつ多くのメリットを引き出すことができるようになる．

21世紀にグローバルなレベルで競争優位性を構築する企業というのは，この2つのネットワークを巧みにマネジメントする組織能力が要求されてくるであろう．

演・習・問・題

問1　戦略提携といわれるのはなぜか．
問2　戦略提携は効果的であると同時に，なぜリスクが高いのか．
問3　戦略提携を成功させるためには，どのような要因を考えなくてはならないか．

参考文献

Badaracco, J. (1991) *The Knowledge Link*, Harvard Business School Press.

Bleek, J. and D. Earnst (1991) "The way to win in cross-border alliance", *Harvard Business Review*, pp. 11-12.

Hamel, G. and Y. Doz (1998) *Alliance Advantage-The Art of Creating Value through Partnering*, Harvard Business School Press. (志太勤一・柳孝一監訳『競争優位のアライアンス戦略』ダイヤモンド社，2000年)

Hamal, G., Doz, Y. and C. Prahalad (1989) "Collaborate with Your Competition and Win", *Harvard Business Review*, January-February.

Lam, A. (1997) "Embedded Firms, Embedded Knowledge：Problems of Collaboration and Knowledge Transfer in Global Cooperative Venture", *Organization Studies*, Vol. 18, pp. 973-996.

Lewis, J. (1990) *Partnerships for Profit*, The Free Press. (中村元一・山下達也訳『アライアンス戦略』ダイヤモンド社，1993年)

Robert, E. and C. Berry (1985) "Entering New Business：Selecting Strategy for Success", *Sloan Management Review*, Spring.

江夏健一編著 (1995)『国際戦略提携』，晃洋書房

高井透・神田良 (1999)「国際合弁における非対称的組織学習プロセス」『桜美林大学産業研究所年報』第17号

大滝精一（1991）「戦略提携と組織学習」『組織科学』Vol. 25

───《 推薦図書 》───

1. 江夏健一編著（1995）『国際戦略提携』晃洋書房
    国際戦略提携の理論や事例などを産業別に取り上げている書である．
2. Hamel, G. and Doz, Y. (1998) *Alliance Advantage*, Harvard Business School Press.〔志太勤一・柳孝一監訳『競争優位のアライアンス戦略』ダイヤモンド社，2001年〕
    アライアンスによる価値創造を主要なテーマとして取り扱っている書である．
3. 日本ブーズ・アレン・アンド・ハミルトン（1999）『アライアンススキル』ピアソン
    アライアンスの成功要因とアライアンス・スキルの育成を議論した書である．

第9章の要約

　近年，企業の持続的競争優位性の源泉としての知識が注目されている．しかし，知識そのものが優位性を生み出すわけではない．競合他社よりも，いかにうまく知識を創造，活用していくかが競争優位性構築につながっていくことになる．この知識の創造，活用プロセスの鍵になるのが，知識の統合という概念である．というのも，知識を創造，活用する場合でも，組織内や組織間での多様な知識の組み合わせが必要となるからである．

　本章では，知識ベース論の中核となる知識統合と競争優位性の関係を，資源ベース論との関わりを考慮しながら，明らかにする．資源ベース論との関わりを考慮するのは，資源ベース論が知識ベース論と密接不可分の関係にあるからである．

第9章 知識統合と競争優位性

1. 知識特性

　知識は，2つのタイプに分類することが可能である．ひとつは，形式知とよばれ，文法にのっとった文章，数学的表現，技術仕様，マニュアル等にみられる形式言語によって表すことができる知識である．この種の知識は，形式化が可能で容易に伝達できる．もうひとつは，暗黙知とよばれ，人間一人ひとりの体験に根ざす個人的な知識であり，信念，ものの見方といった無形の要素を含んでいる．暗黙知は経験に根ざした主観的な知識であり，言語や文章，数字，式などでは表現することはできない．

　この2つの知識を，移転性という点から比較すると，形式知は言葉や数字で表現することが可能であることから，他者や他の組織に移転しやすい知識といえるため，形式知は，移転型知識としてとらえることも可能である．移転型知識は，組織内や組織間を簡単に移転できるだけではなく，誰でもアクセスすることが可能であるため，この知識をベースにした競争優位性は持続することが困難といわれている．

　それに対して，暗黙知は，形式化したり表現するのが難しい知識である．しかも，暗黙知は，特定企業や特定グループとの関係の中ではじめて意味をもつため，特定の関係以外で機能させるのは困難である．したがって，暗黙知を移転させるのは，きわめて難しいため，暗黙知は埋込型知識ともよばれているのである．移転が困難なことから，埋込型知識をベースにした競争優位性は持続的なものとなる．

　このような知識の移転性ではなく，イノベーションに連動させながら知識要素を分類することも可能である．因果関係についての知識体系で，ある構成要素がどのように作動し，どのような結果をもたらすかについての原理の理解を意味する know-why の知識がある．この知識は，物事がなぜそうなっているのかを知るものであり，たとえば，新しい回路設計のチップがパソコンのスピー

ドを上げるというのは，know-why の知識の進化がもたらしたイノベーションの成果である．

つぎに，「使用による学習」を通じて獲得できる know-what の知識である．know-what の知識の獲得のためには，ユーザーからのフィードバックが重要な意味をもっている．ユーザーがどのような文脈で，どのように使い，そこにどのような価値を求めているかについての洞察が know-what の基盤になる．

最後に，技能や法則を使用してさまざまな状況に適応する know-how の知識がある．この知識は，繰り返し同じことを行う中でより良い方法が発見され，その結果，企業活動のコストが低下するという経験効果などが典型例であろう．

以上，イノベーションとの関わりで知識を3タイプに分類したが，さきほどの移転性という点から類似性を探ってみると，know-how や know-what は非常に文脈に依存した知識であり，形式化や言語化が困難であるため，移転が難しい知識といえる．逆に，know-why の知識は，因果関係が明確なため，移転も容易な知識といえるであろう．

しかし，前述したように，知識は競争優位性の源泉ではあるけれども，知識だけで企業が持続的競争優位性を構築できるわけではない．企業が持続的競争優位性を構築するためには，ヒト，モノ，カネ，情報などの経営資源をマネジメントしなければならない．それでは，持続的競争優位性の源泉として注目される知識は，他の経営資源とどのような違いがあるのであろうか．

資本とよばれるものは，ある企業が他の企業に与えた場合，与えた企業は，その資本を失い，与えられた企業は資本を増やすことになる．だが，知識の場合，与える側も，与えられる側も知識を共有することになる．つまり，知識は他企業と共有するたびに大きくなっていくが，逆に資本は減耗していくことになる．また，物理的形態の資本の場合，使用すれば価値が低下する．それに対して，知識は，あることを知っていても，使わなければ価値は低下してしまうということである．つまり，知識は，共有し利用することによって豊かになるわけで，資本とは正反対なのである．

それでは，資本のなかでもインタンジブルな情報は知識とどのような違いや類似性があるのであろうか．まず，違いについては，知識は情報と違って，「信念」や「コミットメント」に密接にかかわり，ある特定の立場，見方，あるいは意図を反映していることである．つまり，情報の生成，伝達，処理には，それに関わる主体の関与を必要としないのに対して，知識は主体の関与がなければ創造され，活用されることはないのである．つぎに，知識は情報と違って，目的をもった行為にかかわっている．つまり，知識は，常にある目的のために存在する．以上のような違いが存在する一方，知識と情報の両方とも，特定の文脈やある関係においてのみ「意味」をもつという類似点も存在するのである．

　企業の持続的競争優位性の源泉である知識特性をさまざまな角度から分析してきた．このような知識特性を活用した戦略である知識ベース論とは，既存の戦略において，どのように位置づけられてきたかを，今日，戦略論の主要パラダイムとなっている資源ベース論との関わりのなかでつぎにみてみよう．

2. 資源ベース論の中核としての知識

　ここ数年，戦略論の分野ではコア・コンピタンス，ケイパビリティなど，企業の内部資源によって競争優位性を構築する資源ベース論が台頭してきている．資源ベース論は，既存のポジショニング・アプローチなどの外部環境を分析のベースに構築された戦略論のアンチテーゼとして登場してきた理論である．

　資源ベース論では，競争優位性は企業の内部資源に根ざしていると主張する．経営資源に分析の視点を置くのは，企業の経営資源は戦略の実行を通じて長期的に蓄積されていくものであるため，同じ資源とスキルを獲得したり，同じ組織文化を創り出す企業は2つとないからである．そのため，蓄積した経営資源がその企業に特殊なものであればあるほど，競争企業の模倣が困難なために持続的競争優位性が生み出されることになる．

　この模倣の困難性というのが，持続的競争優位性を構築するための鍵になる．そのため経営資源の中でも，目にみえない技術，スキル，マネジメント・ノウ

ハウといった暗黙知をベースとしたインタンジブル資源による競争優位性構築が重視される．というのも，暗黙知をベースとした場合，競争企業が成功の因果関係を特定化することが困難になるからである．事実，今日のアウトソーシング戦略の流れをみても，明らかに企業に固有のものではない，標準的な形式知を多く用いる取引は企業の外で，暗黙知や企業固有に依存する取引は内部化する傾向にある．

このように企業の資源の中でも，とくに知識に着目したのが知識ベース論である．資源ベース論の見解は，一般的に，コア・コンピタンス，ケイパビリティなどの企業間の知識の非対称的使用によって生み出される業績の違いを指摘した．したがって，企業の資源ベースの見解は，知識ベースの視点を含んでいるし，知識ベース論の見解が，資源ベース論のエッセンスであるといっても過言ではない．

知識ベース論では，知識あるいは知的資本は，組織の中に存在すると主張する．つまり，個人の専門的知識あるいはグループルーティンそしてシステムや構造に具体化された集合的知識として存在する．そして，これら組織のなかに分散され，そしてしばしば暗黙化された知識をいかに見出し，もっともうまく使用するかにフォーカスを当てることが，競争優位性を導くことになる．つまり，この理論によれば，いかに知識を統合するかが重要な企業の組織能力になる．

組織内の知識統合に関する議論は，いままでにも数多く存在した．とりわけ，製品イノベーションの議論では，知識統合が競争優位性を構築する鍵とされてきた．たとえば，製品の構成要素の組み合わせやつながり方を変えることによって生み出されるアーキテクチュアル・イノベーションは，統合力が鍵を握ることになる．また，組織の知識創造を製品イノベーションと連動させながら，個人の知識がいかに組織全体の知識に昇華していくかを解明した野中と竹内の研究も，暗黙知と形式知の相互作用を通じて知識が創造されていく，知識統合の分析としてとらえることができる．

既存の知識統合に関する議論が，イノベーションなどの製品レベルに分析の焦点を当ててきたのに対して，よりマネジメントレベルから知識統合を分析したのが，グラント（Grant, 1996a）である．彼は，知識統合の特徴を知識の効率性，知識の範囲，知識の柔軟性の3つに分類している．

知識の効率性とは，個々の組織メンバーによって保持されている専門知識にアクセスしたり，活用するケイパビリティである．そして，知識統合の効率性を決定するのは，共通知識のレベル，タスク業務の頻度と変化，組織構造であるとしている．知識の範囲とは，組織能力が依存する専門化された知識の範囲である．異なった知識の範囲をより広げることで，企業は，競争優位性を維持するためのポテンシャリティを高めることができる．

これら2つの概念は，組織がもつ既存の知識をベースにした統合の議論であるため，知識をつくりかえるという前提はない．その意味で，持続的競争優位性につなげるには限界のあるコンセプトといってもいい．というのも，今日の競争環境では，絶えず新しい知識を創り出すための柔軟性が求められるからである．

3. 持続的競争優位性を創り出す知識の柔軟性

知識は，確かに企業に持続的な競争優位性をもたらしてくれるけれども，その期間は確実に短くなってきているのもまた事実である．もちろん，その知識をパテントなどによって企業に占有することも可能である．しかし，既存研究の示唆では，特許知識の価値は，陳腐化や模倣によって，急激にその価値を減ずる傾向にある．

たとえば，リバースエンジニアリングの発達などによって，競争企業が新製品や製造方法などを模倣したり，改良することを防ぐのは事実上不可能である．技術集約的な産業においてさえ，持続的競争優位性の鍵は特許知識それ自身ではなく，新しい知識を生み出す技術能力になりつつある．技術が競争の論理を変えるにしたがって，技術自体が持続的競争優位性の源泉ではなくなりつつあ

る．また，知識を競争優位性のベースとするサービス産業においてさえ，簡単にイノベーターの製品やサービスが模倣される．ノース・アメリカン・バンクでは，競争企業の製品を24時間以内に模倣することが可能であるとしている．

このような模倣の問題だけではなく，持続的競争優位性の源泉として知識そのものが，つぎの時代の競争優位性構築に必要な新しい知識の習得に大きな妨げになったりする．つまり，企業は，特定の知識に優れると，その知識のレベルをあげるために，新しい環境に適応するための知識の開発を怠る傾向にある．つまり，知識のコア・リジディティの現象に多くの企業は陥る．特定の知識領域で優れているがゆえに，外部にある新しい知識探求の機会を失うのである．

コア・リジディティを企業がなかなか乗り越えることができない理由には，さまざまな分野から説明が行われている．第1の説明は，経済学的なものである．コア・リジディティを打破することは，現在の経済基盤を壊しかねないからである．たとえば，新しい知識を生み出す活動に着手することで，現在の製品ラインや知識，スキルが不要になったり，または，現在の資産価値を少なくしてしまうなどの懸念が原因とされている．

第2の説明は，政治力学によるものである．現在の知識を変革することは，現在の事業のトップポジションにいる人間たちからの反発を招くことや，忠誠心を失わせることにつながるからである．戦略とは，その意味で，非常に政治的なプロセスなのである．事実，新規事業の創造が難しいのは，かつての本業事業部門の抵抗が主要な要因であることが多い．

第3の説明は，行動学的なものである．組織のルーティンは深くしみ込み，さまざまな慣習を支配しているというものである．実際には，これらの3つの説明は相互に作用し，コア・リジディティを打破しにくくしているのである．

そのため，企業が持続的競争優位性を構築するには，いったん成功した知識に安穏とすることなく，もし，その知識がつぎの時代の競争優位性構築の足かせになると判断された場合には，その知識を捨てさることも必要とされる．知識をベースに競争優位性を生み出すためには，新しい知識を，継続的に探求，

創造していかなくてはならない．そうすることで，結果的には，競争相手が製品あるいはサービスの品質・価格で追いついてきても，それまでに，豊かな知識をマネージしている企業は，品質，創造性，効率性の面で新たなレベルに到達することが可能になるからである．

このような知識の継続的な変革に必要不可欠な知識統合の特徴が，知識の柔軟性なのである．グラントによれば，知識の柔軟性を創り出すためには2つの方法があるという．第1の方法は，既存のケイパビリティを拡大して，補足的な知識を取り込むことである．第2の方法は，既存の知識を新しいタイプのケイパビリティに再構成することである．

第1の方法による知識の変革は，既存の知識ベースを拡大することで，ある程度実現することができる．たとえば，ボーイングはトリプルセブンを開発する時に，CADシステムを使って，広範に異なる知識領域にいるスペシャリストと，異なった企業にコミュニケートするための共通言語を生み出す先進的なCADシステムを通じて，既存のエレクトロニクスと材料に関する知識を大きく拡大させた．

第2の方法による知識の変革は，持続的な競争優位性の鍵になるけれども，非常に変革が困難なものである．たとえば，GEは，製造能力をアップさせるために，トヨタのリーン生産方式に埋め込まれている知識を取り込もうとしたが，かなりの時間を要することになった．

既存の知識統合に関する議論は，組織あるいはマネジメント能力の点から，知識統合に導く共通の必要条件を調査してきた．しかし，企業がこれら重要な能力を開発する方法については，いまだ十分な説明がなされていない．たとえば，グラントにおいても，知識統合プロセスの効率性，範囲，柔軟性をいかに向上させるかということについては，明確ではなかった．

4. 知識統合の組織能力

　知識統合に関するリッチなインプリケーションを引き出すためには，知識統合に対する組織能力を開発する条件を調査する必要がある．ラバシィとベルノア（Ravasi and Verona, 2001）は，この知識統合の条件を組織の構造に求めた．彼らは，ユニットと人びとがゆるやかに結びついた組織構造が，企業の知識ベースの結合と再結合に多くの利点をもたらすと主張する．彼らは，スウェーデンの補聴器産業で急成長してきた企業の事例を調査し，構造の曖昧性をベースにしたルースカプリングの構造が，グラントが提示した統合プロセスを展開するには，好ましいということを発見している．

　しかし，知識の統合を高める要因は決して組織構造にだけ求めることはできない．そもそも，ルースカップリングの対極にある階層化は，知識統合や共有化にはかねてから不向きといわれてきた．日本企業が，欧米企業に対する競争優位性を構築できた要因のひとつが，部門間での情報の共有化である．たとえば，人事などの戦略的ローテーション，そして各機能間で蓄積した知識を統合するプロダクトマネジャー制度など，知識を組織全体で効率的に活用したり，統合する仕組みが日本企業には意図的に組み込まれていた．このような仕組みが，欧米企業よりもスピーディーにさまざまなインクリメンタルなイノベーションを生み出してきた要因でもある．

　知識が持続的競争優位性につながるのは，競合他社がその知識を模倣することや，代替知識を獲得することが困難な場合である．しかし，自動車産業にみるように，90年代に入ってからの欧米企業の競争力の向上は，日本企業からの生産力の学習によるところが大きい．前述したように，know-howは，文脈依存的な知識のため移転が難しい．しかし，自動車産業の例にみるように，難しいけれども不可能ではない．know-howベースとする競争優位性でも，いずれは競争企業から模倣されることになる．つまり，知識をベースに持続的な競争優位性を構築するには，両方の知識のバランスのとれた学習が必要とされる．

しかも，今日，イノベーションの知識が多岐に渡ればわたるほど，広範な知識の学習が必要になる．このことは，知識統合の範囲が広くなるので，成功の因果関係がわかりづらいため，ますます持続的競争優位性につながる可能性がある．しかし，それは一方で，統合のジレンマも生み出すことになる．つまり，異質な幅広い知識を統合するうえでのマネジメント上の問題もでてくるからである．つまり，統合を可能にするようなknow-whyの深い知識の蓄積が必要となるのである．

　この両方の知識の幅と深さを広げると同時に，知識をベースに持続的競争優位性を構築するには，外部環境との相互作用を通じて，know-howとknow-whyの知識をリッチにするような学習が必要になる．つまり，know-whatの知識を高める必要がある．

　しかし，企業は，ユーザーからの学習によってのみ，イノベーションを高める知識が高度化するわけではない．たとえば，シャープとカシオは，電卓競争においての激しい開発競争を通じて技術力を向上させていった．また，日本企業は，欧米企業との提携を通じて，多くの産業において，技術力でキャッチアップし，競争優位性を構築してきた．

　企業は，孤立した環境の中で活動しているわけではない．組織の学習能力は，組織内部だけではなく，競争企業，顧客などの外部企業との相互関係を通じて学習する知識によって高度化する．事実，学んだものは，すでに知っているものによって影響を受ける．つまり，学習のパフォーマンスは，学習の目的が，すでに知っているものと関連している場合，そして，経験を解釈するためのベースとしての共通言語がある場合，高められる．

5. 知識統合と組織間関係

　知識ベース論と，資源ベース論の違いはこの学習環境の多様性を認めていることである．知識ベース論では，マネジャーをルールメーカー，従業員をルール追従者，そして，企業をタンジブル資源の束として扱うかわりに，組織を個

人，チーム，他の外部組織などのアライアンス関係を通じて知識を創造する主体と捉える．

それに対して，資源ベース論は，企業がいかに競争優位を獲得し，そしてその優位性をいかに持続させるかを，企業レベルで解明した研究である．しかし，子会社，事業部門などの企業のサブユニットレベルの分析については，十分な注意を払ってこなかった．つまり，資源ベース論では，企業を一枚岩的な物体としてモデル化してきたのである．しかも，組織の独自資源は企業の内部で形成されることを前提にしている．

いうまでもなく，企業は環境との相互作用を通じて生存している．そのような環境には，競争環境，市場環境，技術環境などさまざまな環境が存在する．このような環境との相互作用を通じて，企業は学習シグナルを享受し，知識資源を高度化していくのである．知識ベース論は，組織知，市場知など外部および内部環境からの知の学習を強調する．

しかし，外部企業との関係を通じて知識を学習する場合，その時間軸が変化してきていることである．いままでの，企業間の連携は長期関係性と特定企業との関係を通じて知識を学習することを前提にしていた．しかし，必ずしも，今日の提携関係は，長期関係性を前提とせず，目的に応じて相手を組み替えて，その戦略的目的に応じた知識を学習していくスタイルになりつつある．

同一企業との提携にしても，ある分野では提携するが，他の分野で競争するということは，いまやハイテク産業では戦略の常識になりつつある．そして，目的が達成されれば解消する．必ずしも，長期関係性が成功のメルクマールではない．また，今日のように技術と市場がダイナミックに変化する環境では，特定企業との継続的関係は，逆に技術革新の波に乗り遅れたり，また，組織のダイナミズムを失うという可能性にもつながる．

企業の外部の関係性だけではなく，内部の関係性，とりわけ雇用関係に着目しても，終身雇用が崩れ，労働市場が流動化している中では，個人に蓄積しやすいとされる know-why の知識を，いかに短期的にアクセスし活用するかと

いうことが重要になる．

　既存の知識ベース論では，暗黙的な前提として，組織間および組織内において知識を創り出すためには長期関係性を前提にする傾向がある．事実，競争優位性のベースになる暗黙知を獲得するには，ある程度，長期的関係が必要になるからであろう．しかし，今日のような経営環境の変化を考慮すると，知識を創造，活用するには，今までのように長期関係性を前提としないロジックが必要とされるのである．事実，成長している企業は，外部と内部の長期関係性にこだわらず，柔軟に関係を組み替えることで競争優位性を構築している．

6. 知識統合の課題

　今までの議論から，あらためて知識ベース論の核となる知識統合の概念を，より進化させるための要因を整理してみよう．知識ベース論では，個人や部門間での異質な知の統合を組織能力としてとらえている．確かに，知識の異質性のレベルが高ければ，外部企業から成功の因果関係を把握しづらいために，競争優位性は持続する．しかし，前述したように，知識統合の範囲が広がれば，広がるほどメンバー間の共通言語のレベルが低くなり，知識の統合が難しくなるという統合のジレンマ，換言するならば，範囲のジレンマが発生することになる．このジレンマを解消することが，知識統合を促進する第1の要因である．

　第2の要因は，時間のジレンマの克服である．前章で，短期的に知識を組み合わせ，統合することの重要性を指摘した．しかし，近視眼的に短期的な知識を組み合わせることに奔走すると，組み合わせを可能にするような知識プラットフォームの厚みがなくなるというジレンマがある．企業はある程度の知識プラットフォームの厚みがなければ，短期的な知識の組み合わせも困難になると考えられる．長期と短期のバランスをとることが，知識統合を推進するうえでの重要な要因である．

　第3の要因は，内部および外部の異質な知識を統合するコンビネティブ能力を，いかに形成するかということである．しかも，その能力が，組織内での個

人ベースでの知を統合する場合と，組織間での知を統合する場合とでは，いかなる違いと共通性があるのかを解明することである．

21世紀は，まさに知識の時代といわれている．知識を絶え間なく創造していける企業が持続的競争優位性を構築することになる．それゆえ，知識統合の概念をより精緻化するために，ここで整理した課題について解明することは，企業の持続的競争優位性のエッセンスにも接近する道を切り開くことにもなる．

演・習・問・題

問1 企業に持続的競争優位性をもたらす知識について説明しなさい．
問2 なぜ知識の柔軟性が必要か説明しなさい．
問3 知識と情報の違いを説明しなさい．

参考文献

Badaracco, J. (1991) *The Knowledge Link*, Harvard Business School Press.

Botkin, J. (1999) *Smart Business*, The Free Press.（米倉誠一郎監訳『ナレッジ・イノベーション』ダイヤモンド社，2001年）

Burton-Jones, A. (1999) *Knowledge Capitalizm*, Oxford University Press.（野中郁次郎『知識資本主義』日本経済新聞社，1999年）

Collis, J. and A. Montgomery (1995) "Competing on resource: Strategy in the 1990", *Harvard Business Review*, 73 (4) 7-8, pp. 118-128.

Davenport, H. T. and L. Prusak (1998) *Working Knowledge*, Harvard Business School Press.（梅本勝博訳『ワーキング・ナレッジ』生産性出版，2000年）

Grant, M. R. (1996a) "Prospering in Dynamically-competitive Environments: Organizational Capability as Knowledge Integration", *Organization Science*, Vol. 7, No. 4, pp. 375-387.

Grant, M. R. (1996b) "Toward A Knowledge-Based Theory of The Firm", *Strategic Management Journal*, Vol. 17, Winter Special Issue. pp. 109-122.

Inkpen, A. (1996) "Creating Knowledge through Collaboration", *California Management Review*, Vol. 39, pp. 123-140.

Leonard-Barton, D. (1992) "Core Capability and Core Rigidities : A Paradox in Managing New Product Development", *Strategic Management Journal*, Vol. 13.

Lewis, J. (1990) Partnerships for Profit, The Free Press.(中村元一・山下達也訳『アライアンス戦略』ダイヤモンド社, 1993年)

Nonaka, I. and H. Takeuchi (1995) *The Knowledge Creating Company*, Oxford University Press.(梅本勝博訳『知識創造企業』東洋経済新報社, 1996年)

Ravasi, D. and G. Verona (2001) "Organising The Process of Knowledge Integration: The Benefits of Structural Ambiguity", *Scandinavian Journal of Management*, 17, pp. 41-66.

Reed, R. and R. Defillippe (1990) "Causal Ambiguity, Barriers to Imitation, and Sustainable Competitive Advantage", *Academy of Management Review*, Vol. 16, pp. 88-102.

Ruggle, R. and D. Holtshouse Edied (1999) *The knowledge Advantage*, Capstone.(木田川一榮訳『知識革新力』ダイヤモンド社, 1999年)

Whitehill, M. (1997) "Knowledge-based Strategy to Deliver Sustained Competitive Advantage", *Long Range Planning*, Vol. 5.

高井透 (2001)「企業間学習による価値協創」寺本義也・中西晶編著『知識社会構築と理念革新』日科技連

寺本義也 (1999)「知識社会における企業モデルと人材開発」『オフィス・オートメーション』第40回オフィス・オートメーション学会全国大会予稿集, pp. 235-239

楠木建 (2001)「価値分化と制約共存―コンセプト創造の組織論」一橋大学イノベーション研究センター編『知識とイノベーション』東洋経済新報社

───《 推薦図書 》───

1. Nonaka, I. and Takeuchi, H. (1995) *The Knowledge Creating Company*, Oxford University Press.(梅本勝博訳『知識創造企業』東洋経済新報社, 1996年)

    企業における知識創造の問題を, 事例分析をベースに解明した書である.

2. Leonard-Barton, D. (1995) *Wellsprings of Knowledge*, Harvard Business

School Press.（阿部孝太朗・田畑暁生訳『知識の源泉』ダイヤモンド社，2001年）

中核能力の硬直化（コア・リジディティ）という新しい概念を提起した書である．

3. Ruggles, R. and Holtshouse, D. (eds.) (1999) *The Knowledge Advantage*, Capstone.（木田川一榮訳『知識革新力』ダイヤモンド社，1999年）

知識マネジメントの専門家が，それぞれユニークな視点で知識の革新力について議論している書である．

第10章の要約

　企業間の競争がたんに製品レベルのコストや品質を争う競争から，ますます革新的な製品を生み出す企業能力ベースの競争になりつつある今日では，いかに連続的に変化する環境に対応して自社能力を構築したり，変革していくかということが競争優位性構築のポイントになりつつある．

　この企業の能力構築のひとつの方法として，組織学習を意図した戦略提携がある．日本企業がその発展プロセスにおいて，欧米企業との戦略提携を通じて技術やマネジメント・ノウハウを学習し，競争力を高めてきたことは周知の事実である．戦略提携の効果は，前章で議論したように，リスク分散，規模の経済性の獲得などさまざまあるが，やはりいちばん大きな効果が，提携パートナーからの学習なのである

第10章　学習提携

1. 組織学習と競争優位

　組織学習を意図した戦略提携が大きなポテンシャリティをもっているのは，新しい知識を創造し，環境を所与のものとして扱うのではなく，主体的に環境を創造していくことができるからである．そして，その新しく生成された知識をベースにまた新たな企業間関係が構築されるからである．

　またもうひとつ組織学習を意図した戦略提携がもつ大きな効果というのは，組織革新のドライビングフォースにつながることである．戦略提携によって関係する組織は，それぞれ固有の思考・行動様式の体系をもっている．いま企業内部の人びとが共有している基本的な世界観やものの見方のことをその企業のパラダイムとよぶとすれば，戦略提携による複数組織との結合，相互関係は，多様な学習材料や異質な知識が提供される場となり，相互パラダイムの発見と，その変革の場となりうるのである．

　それゆえ，組織間関係を通じた効率的な学習の仕組みを構築し，新しいコア能力の構築，維持，革新というサイクルを，環境変化に対応させて回すことが，戦略上ますます重要になってきている．それでは，戦略提携の鍵を握ることになる組織の学習とは何かということをあらためて，つぎにみてみよう．

　組織学習を研究してきた多くの学者は，思考と行動を関係づけてきたが，分析の基本的単位は個人の学習をベースにしている．組織が人間の集団からなる以上，組織の学習は個人の学習と密接な関連をもっているのは確かである．しかし，個人の学習と組織の学習には，明確な違いが存在する．もしこの違いを明確にしなければ，組織の学習モデルは，個人の役割を無視することによって，実際の学習プロセスを曖昧にするか，または，組織の複雑性という名の下に個人の学習をたんに拡張したものにしかすぎないことになる．

　個人の学習は組織の学習にとって必要条件ではあっても，十分条件ではない．つまり，組織の学習は個人の学習のたんなる集積ではない．たとえば，個人学

習との違いは，組織は既存のメンバーだけではなく，組織の歴史，規範という方法で，次世代のメンバーにも影響を与えることができる伝承可能な学習システムを維持，開発するのである．

このような学習システムが形成されるのは，組織は人間のようにブレインをもたないが，組織構成員の全体に共有化された知識，信念，価値前提である認知システムとメモリをもっているからである．個人が，時間の経過とともに個性，習慣，信念を形成するのと同様に，組織も世界観，イデオロギーを形成する．そのため，メンバーの出入りがあっても，またリーダーシップが変化しても，組織のメモリが，特定の行動，信念，規範，価値前提などを長期的に維持するのである．

組織学習と個人学習の違いをより鮮明にする例として，オーケストラとバスケットチームの組織パフォーマンスを考えれば，その違いがよく理解できる．シンフォニーのパフォーマンスとバスケットボールの勝因というのは，たんに特定の個人やあるいは個人の知識やスキルの集積の結果ではなく，一体となって機能するグループ全体に根づいているノウハウの結果である．

このような特性を有する組織学習は，経営学の分野において，環境に適応するための組織の能力として定義されてきた．そのため，変化が高まる事業環境において，組織の学習はすべての企業に要求される能力として認識されてきている．とはいえ，組織学習に対する統一的な見解は存在しない．なぜなら，異なった研究者が，組織学習の概念を，少なくとも専門用語的に異なった領域に適用してきたからである．

しかし，既存の研究には組織学習の目標，つまり，認知や行動の変化，そして次節で議論するような組織学習のレベルを解明しようとする共通的な特徴も見出せる．

2. 組織学習のタイプとプロセス

組織が学習するといっても，組織の人間が全員一律に学習していくわけでは

図表 10 − 1　組織学習のタイプ

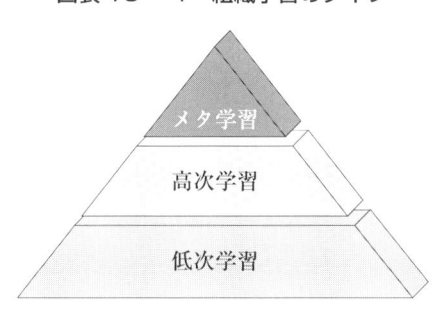

```
        ▲
       ╱ ╲
      ╱メタ╲
     ╱ 学習 ╲
    ╱───────╲
   ╱  高次学習 ╲
  ╱───────────╲
 ╱   低次学習    ╲
╱───────────────╲
```

ない．組織に階層というレベルとそれにあった役割，職務があるように，組織学習にも異なったタイプの学習が存在する．先行研究から組織学習には3つのタイプの学習が存在することが明らかになっている（図表10 − 1）．

　第1のタイプは，既存の組織構造，既存のルールの下で行われる低次学習である．このタイプの学習は，日常業務の活動を通じて行われる学習であり，与えられた目標を達成するために，業務上のエラーを修正したり，除去したりすることで，いかに効率的に業務をこなすかに重きが置かれる．そのため，学習の焦点は既存のシステムを安定，維持させるための情報を収集することである．

　日常の事業活動を通じて行われる学習といっても，多角化している企業では，その学習活動は各事業部ベースで行われるために，事業特殊的な学習ともいえる．そのため，低次学習で獲得した知識は全社的に共有化できないために，汎用性に乏しい知識といえる．

　低次学習は，日常業務を通じて行われる学習のために，組織階層のローワーレベルだけで行われるものという印象を受けるが，低次学習は，組織のあらゆる階層で起きうる．たとえば，トップは常に戦略的な意思決定を行っているわけではない．毎日届けられる日常の業務レポートにも目を配り，適切な指示を与えなくてはならない．このような日常業務との関わりを通じて，トップもまた低次学習を行っているのである．

　第2のタイプは高次学習である．このタイプの学習は，特定の活動，行動を

調整するというよりは，既存の全体的なルールや規範を調整することを狙いとしている．したがってこの学習では，業務システムそのものを問い直し，低次学習の場合のように発生したエラーを修正するのではなく，最初になぜエラーが発生したかを問うことになる．

　高次学習は，組織全体の業務システムそのものを問い直す学習であるため，その影響は特定の事業部にだけではなく，組織全体に及ぶことになる．それゆえ，高次学習で獲得された知識は，低次学習と違い，組織全体に汎用性の高い知識となる．より実践的にいうならば，複数事業部で利用可能な知識を生み出す学習といえる．

　第3のタイプはメタ学習である．このタイプの学習は，「学習のための学習」といわれるものであり，学習の前提となっている規範，ルールそのものを変更することによって行われる学習である．組織の規範と構造をより深い視点から洞察するメタ学習は，低次および高次学習と違い，非常に認知的なプロセスである．メタ学習は，組織が新しい事業環境に進出する場合には必要不可欠な学習であると同時に，3タイプの学習の中でもっとも困難な学習であるといえる．この3タイプの学習は，相互作用的であると同時に，進化的である．

　学習のレベルを明らかにした研究は，レベルの名称は異にしているが，組織の学習を分類し，既存の知識の下で行う学習と，既存の知識をまったく否定することで新しい知識を学ぶ学習に分類している．さらには，学習のための学習を，前述した2つの学習の上位概念として位置づけている．

　これらの既存研究では，情報の獲得と棄脚という視点から組織学習にアプローチしている．つまり，結果に分析の視点を置いているのに対して，学習のプロセスを解明しようとした研究もある．たとえば，フーバー（Huber, P.）は組織学習の情報処理的なプロセスを明らかにした．彼は，組織学習を，知識獲得，情報流通，情報解釈，組織的記憶というプロセスから構成されると捉えている．

　組織学習のプロセスモデルをより精緻化したのが，クロッサンら（Crossan

et al.) の研究である．彼らは，組織学習には個人，グループ，組織の各レベルがあり，その各レベルにまたがって発生する直感，解釈，統合，制度化といった4つの学習プロセスがあることを明らかにした（図表10－2）．直感とは，学習の出発点であり，個人レベルで起こる無意識のプロセスである．解釈とは，個人的学習の意識的な要素を取り上げ，グループレベルで共有化する．統合とは，グループレベルでの集合的理解を変化させ，組織全体のレベルにつなげるものである．最後に制度とは，組織を横断する学習を，システム，構造，ルーチン，実行のなかに組み込むことである．

そして，個人レベルからグループ，グループから組織へとシフトしていく学習をフィードフォーワードとよび，知識の探求プロセスとした．逆に，組織からグループ，グループから個人に学習がシフトしていくことをフィードバックとよび，知識の活用プロセスとした．そして，このレベルとプロセスの相互作用が，戦略的革新の際にはテンションを生み出すとしている．

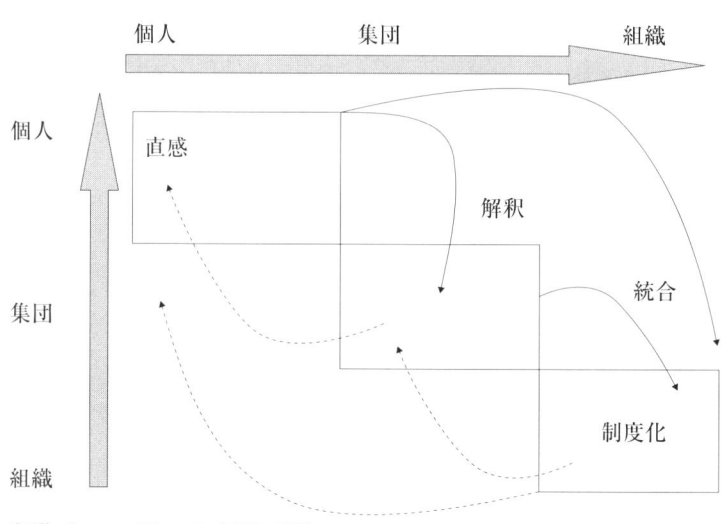

図表10－2　組織学習のダイナミック・プロセス

出所）Crossan, M. et al.（1999：532）

3. 組織学習から組織間学習へ

　これら3タイプの学習は，あくまでも単一企業を前提にした組織学習の知識獲得プロセスを記述している．そのため，組織内で学習を促進する条件として取り上げられる要因も，単一企業の経営を対象とした，強いリーダーシップ，メタファーの利用，意図的な戦略事業の突出などが提唱されてきた．

　しかし，いうまでもないが企業は環境との相互作用を通じて生存している．そのような環境には，競争環境，市場環境，技術環境などさまざまな環境が存在する．このような環境との相互作用を通じて，企業は学習シグナルを享受し，学習を進化させていく．競争環境であれば競争相手，市場環境であれば顧客というようにその環境の主体との相互作用によって，学習の機会が増大する．つまり，組織は学習する源泉を多様な環境に見出すことが可能である．

　近年，注目されている「学習する組織」にしても，供給者，競争者，顧客との相互作用を通じた学習機会の重要性を指摘している．確かに異質な経営資源を有する組織が相互に作用すれば，多様な学習材料や異質な学習モードが提供される機会が相互に増加する．したがって，参加する主体の数や種類が増えれば，それだけ学習機会が量的にも質的にも増大することになる．

　技術革新の速度，市場ニーズの多様化の中で，成功した戦略もその有効性をすぐに失うことになる．このような環境変化に適切に対応するためには，常に新しい知識を獲得する場を，多様な環境に企業は求めなくてはならない．つまり知識創造の場として，組織間関係を認識する必要があるということである．

　異なった主体が組織間関係という場で，異なった知識を出し合い，融合することで新たな知識を創造し，その知識をベースにして新しい価値を市場に提供することが組織間学習の本質的意義である．ノルマンとウィキストロム（Norman and Wikstrom）は，既存の単一企業による価値連鎖活動を古典的なものとして，異なった主体が価値創造という目的のために協力するバリュー・スターの概念を提唱している（図表10－3参照）．

図表10−3 価値連鎖から価値スターへ

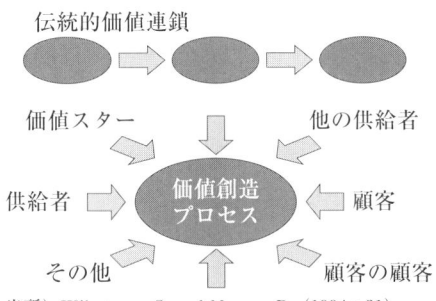

出所）Wikstrom, S. and Noram, R.（1994：31）

ここでは，組織間学習を「2社以上の企業が，互いの知識を学習しあうことによって新たな価値を提供する価値創造プロセス」と定義する．

4. メタ学習に向けての組織間学習

組織間関係を通じた学習は，新たな知識を獲得するというだけではない．さきに述べた知識を獲得，共有化するという高次レベルの学習に終始するのではなく，その知識をさらにもう一段上の新たなメタ学習に昇華することで，組織パラダイムの変革を誘発することである．企業規模に関わりなくどのような組織でも，ひとつの戦略が成功すると，つぎの環境変化への適応を遅らせる強い組織慣性が働く．組織慣性が働くのは，環境が変化しても自社のもつ既存の知識を更新できないからである．

既存の知識をベースとして，新たな知識を漸進的に積み上げていくことによって適応できる環境ならば問題はない．環境の変化が連続的なものであれば，既存のパラダイムが有効なために，企業は比較的うまく環境適応することが可能である．だが，日本のバブル崩壊のような急激な環境変化の場合，既存のパラダイムでは対応できず，新たな学習のしくみそのものを変えることが要求される．

しかし，組織はみずからの知識の適切さや学習モードに関して，評価し理解

する機会は必ずしも多くはないし，単独でその機会を確保することは簡単ではない．というのも，環境というのは，組織の学習モードがその有効性を失ってきているということを段階的にしか知らせないからである．よく取り上げられる例であるが，新日本製鉄は鉄の事業が衰退することが，10年以上も前からわかっていても，結局は，事業リストラをうまく行うことができなかった．

　企業が単独で自社の学習モードを変革するということは，きわめて困難である．ある意味で，企業の発展を支えてきた分業のしくみが企業全体の変革をきわめて困難にしているといえる．かつてリエンジニアリングがマネジメントのトレンドとして騒がれたのも，分業を行いすぎ，仕事の流れの全体をとらえて効率的に業務変革ができなくなったからであろう．ここに組織間学習の必要性が存在する．

　自社のパラダイムと全く異なる企業と接することによって，つまり，他の組織の学習モードを参照することによって，自社の学習モードが適切なのかどうかということが客観的に評価できるし，必要とあらば，その企業の学習モードを取り入れることで，コンピタンスの変革が可能となる．たとえば，NTTはかつて強固な官民体質を脱皮すべく，IBMとの合弁会社を設立し，その会社に人を派遣し，また一定期間がすぎると本社に戻すというシステムを構築することによって組織のコンピタンス転換を試みた．

　日本企業のように組織内には終身雇用制，外には系列関係というように内と外の両方で，クローズドなシステムを構築していては，ますます自社の知識を単独で棄却するというのは，きわめて困難である．外国の企業が，大胆な事業構造の変革を行うのに対して，日本企業はマイナーな変革しかできないのは，終身雇用などの組織のしくみ以上に，日本企業の組織間関係の固定性が既存知識の棄却を困難にしているということである．

　組織間関係が日本企業の強みとされてきた．しかし，その強さが発揮されるのは，あくまでも右肩上がりの経済成長の下での話である．日本企業の組織間関係のマネジメントは，後に説明するバダラッコ（Badaracco, J.）のコンセプ

トを借りれば，製品リンクの組織間関係を，アメリカ企業以上に重視していたのかもしれない．日本企業は組織間学習のもつもっとも大きな効果であるパラダイム転換，つまり，メタレベルの学習に組織間学習を引き上げなくてはならない．

というのも，企業間の競争がたんに製品レベルのコストや品質を争う競争から，ますます革新的な製品を生み出す企業能力ベースの競争になりつつある今日では，いかに連続的に変化する環境に対応して自社能力を変革していくかということが，競争優位性のポイントになりつつあるからである．

5. 組織間学習の促進要因

組織間学習は，もし相互作用が生じなければ発生しないであろう組織間の相互活動的効果，つまり，学習シナジーを含むことによって組織学習とは異なっている．このような特徴を有する組織間学習を効率的に行うためには，伝統的な階層型組織とは異なったマネジメント・スキルが要求される．とりわけ，合弁企業などの提携のマネジメントには，少なくとも単一企業のマネジメントとは異なった手法が要求されてくる．たとえば，複数企業間での意思決定メカニズムや情報共有化の方法，さらにコンフリクトが発生した場合の解決方法など，単一企業では直面しなかった問題に取り組まなくてはならない．

たとえば，キリング（Killing, R.）は，提携における複雑性を，タスクと組織の複雑性に分類し，出資関係が対等に近ければ複雑性が増大することを発見している．換言するならば，提携をコントロールするうえで重要な資本を多数握ることで，コンフリクトが生じる確率が低く抑えられ，提携が成功するというのである．キリングのほかにも，多数の提携研究が，コンフリクトの発生をいかに防ぐかを，提携を成功させるキーポイントとしている．

そのため，戦略や戦術の適合，提携に入る前の長期的な取引関係をベースとした信頼関係の構築，提携に入る前の精緻な提携プログラムの構築など，パートナー間での不安定性を削減するメカニズムの提携が主流を占めていた．しか

も，その場合の提携の成功基準は暗黙に長期志向性が前提となっていた．つまり，既存の提携研究では，提携メンバーがよき協調的パートナーになることで，互いに学習し，資源を高度化できるというのである．

しかし，ある分野では協力し，他の分野では競争しているような提携関係では，相互作用によって生じる新しい知識などのアウトプットは，不均衡に流失する可能性がある．ハメル（Hamel, G.）は，既存研究の主張するよきパートナーになることへのアドバイスに疑問を投げかけた．なぜなら，共同学習の応用を無視しているからである．

ハメルは，提携は学習のためのプラット・フォームを提供するとし，パートナー間で生じる学習の不均衡性に注目した．そして，ハメルは提携を通じてうまく学習する企業には，つぎのような3つの特徴があると述べている．第1の特徴は，学ぼうとする意図をもった企業は，そのような意図をもたない企業と比べて，学習できる可能性が高い．つまり，国際事業からの学習は自然に起きるのではなく，意図的に設計して起こすものであるということである．

第2の特徴は，透明性の高いパートナーと提携するということである．透明性が高いというのは，自社の強みが相手企業から理解しにくいしくみになっているということが重要になる．日本企業と他の国の企業が行う提携では，この仕組みの違いが大きい．たとえば，ある日本とイギリスのハイテク企業の調査から，知識の移転は単にマネジメントや提携のガバナンス構造の要因だけによるものではないとしている．

この調査では，日本とイギリスのエンジニアに対する国家の教育体系，そして，その教育体系が影響を与える現場での技術習得の方法，さらには，製品開発パターン，業務の組織化などを比較した．その結果，異なった社会状況における企業の知識と業務の組織化の違いが，知識の不均衡な流れを生み出すとしている．

また，日本や他の多くのアジア諸国の文化は，コンテクスト（文脈）に依存する傾向が強く，かつ広範な社会システムの中に深く根ざしている．このこと

は，欧米のパートナーが日本や他のアジアの提携パートナーから，学習できる可能性は限定されているということを意味する．

第3の特徴は，学習の感受性である．学習の感受性が高い企業は，組織学習論で述べられているように，既存知識の学習棄却を行えることや，提携を担当するマネジャーが学習すべきものが多すぎると感じていないことである．さらには，関わっている提携が戦略的に重要だということが組織全体で認識されているという．

そのため，高い透明性と，協調的意思をもった良きパートナーとして振る舞おうとする企業ほど，透明性が低く，競争的意図をもったよりセルフィッシュなパートナーによって利用される傾向がある．つまり，提携で秘めたる意図をもったパートナーほど相手企業の競争優位性を学習し，自社の競争力を高めることができるということである．

6. 製品リンクと知識リンク

バダラッコは，戦略提携の本質は知識連鎖であるとし，知識を移動型知識と密着型知識に分類している．移動型知識とは，製品，技術，機械などの，主として企業のハードな資源の中にパッケージ化されているものである．この知識の特徴は，企業間を容易に移動可能なことである．つまり，言語化や文章化によって伝達することができるという意味で，形式的知識にあたるものである．

密着型知識とは，企業家精神，企業文化，組織的スキルなどで，企業を動かすうえで必要なソフト資源として位置づけられるものである．この知識の特徴は，特定企業に密着しており，企業間を容易に移動しないところに特徴がある．つまり，個人や組織が長い事業展開を通じて蓄積する知識であり，言語化や文書化によって簡単に伝達できない暗黙的知識にあたるものである．

バダラッコは，このように知識を分類した後で，戦略提携を製品リンクと知識リンクに分類している．形式的知識の獲得を意図するのが製品リンクであり，暗黙的知識の獲得を意図するのが知識リンクである．より具体的にいうならば，

製品リンクとは，競争市場で勝ち残るために，当該組織がもつ製品ラインのギャップを埋めるために行われる提携である．しかし，製品リンクは，競合企業を創り出したり，本業に必要な変革の代替案になってしまう危険性もある．

それに対して知識リンクとは，ある組織が他の組織のスキルや能力に接近したり，また新たな能力を創造するために他の組織と共同するような提携をいう．さらに，知識リンクの場合，企業以外の研究開発機関などに提携相手が広がる可能性を秘めている．バダラッコは，複数の知識連鎖を活用することによってコア能力を革新したり，新しいコア能力を構築できる知識リンクの戦略的重要性を指摘している．

バダラッコの議論は，前述のハメルの議論と近似している．つまり，製品リンクと知識リンクという異なった意図をもった企業が提携した場合，知識リンクを意図した企業がその提携を通じて多くの知識を学習することができるということである．

このような学習の不均衡性が生じる原因は，人的なマネジメントの側面からも解明されている．たとえば，プーイック（Pucik, V.）は提携において，「戦略的意図が伝達されない」「短期的行動視野をもっている」「不明確な学習責任」「不適切な人材配置」「学習を促進しないキャリア・システム」という5つのポイントが，組織間学習の不均衡性を生み出す要因と指摘している．提携における，これら人的マネジメントの5つの阻害要因を取り除くことで，企業は提携関係を通じて学習能力を向上することができると主張されている．

7. 組織間学習のマネジメント

これら既存研究からの共通のインプリケーションは，インタンジブル（無形資源）な資源の獲得に戦略的意図をもち，そして，その資源を移転，学習するようなしくみを設ける企業の方が，学習の速度があがるということである．さらに，コアとなる強みが相手企業よりも深い暗黙知をベースとしている場合に，パートナー間での学習の不均衡がより一層激しくなるとされている．また，こ

のような学習の不均衡関係が生じるのは，欧米日企業のパートナー間で行われる提携に多いということである．つまり，日本企業の方が，欧米企業と提携した場合，その提携を通じて多くの利益を獲得するということである．

しかし，提携をある種の学習レースとする既存の研究は，現実の組織間学習をとらえるうえでの課題を内包している．それは，ハメルの提示した概念に顕著に見て取ることができる．たとえば，もしすべてのパートナーが透明性を削減したなら，受容し学習する共同情報そのものがなくなるからである．

第2の課題は，提携関係の時間軸である．パートナー間の学習に不均衡が生じる場合，つまり，一方的に学習された場合，その提携は解消される傾向があるという．しかし，提携を結んだときには，リーダー企業対チャレンジャー企業の構図であったものが，その後ある製品分野では，リーダー企業を逆転する場合でも，関係が継続しているケースがある．つまり，学習を意図した提携関係でも，多様な事業関係の中から，その提携のもつ戦略的意義を考えなくてはならない．たとえその提携関係を通じてパートナーが競争力をつけてきても，その関係が企業全体の事業領域にもつ波及効果が少なかったり，目指すべき事業ドメインが異なれば，提携関係は解消されないはずだからである．

以上の課題から，現実の学習提携を解明するためには，新しい学習提携に対するマネジメント思考が必要になる．実際，提携を通じて新しい知を創造するためには，密度の高い情報のインタラクションが必要不可欠であることからも，今までのように，学習の失敗が，パートナーの競争優位性を減じるということがないようにする必要がある．まさに，競争的協力ではなく，互いに学ぶという学習的協力関係が必要となるであろう．

そのためには，両パートナーは，双方の学習対象について明らかにし，学習ギャップを埋める努力を提携のあらゆる段階で行うことが必要とされるであろう．つまり，学習の競争をオープンにすることで，新しい知識を生み出す新しい提携関係が構築されることになるであろう．

演・習・問・題

問1 組織学習と個人学習の違いを説明しなさい．
問2 組織間学習のメリットについて説明しなさい．
問3 製品リンクよりも知識リンクの方が，なぜ持続的競争優位性につながるのか説明しなさい．

参考文献

Badaracco, J. (1991) *The Knowledge Link*, Harvard Business School Press.

Crossan, M., Lane, H. and R. White (1999) "An Organization Learning Framework：from Intuition to Institution", *Academy of Management Review*, Vol. 24, pp. 522-537.

Hamel, G. and Y. Doz (1998) *Alliance Advantage-The Art of Creating Value through Partnering*, Harvard Business School Press.（志太勤一・柳孝一監訳『競争優位のアライアンス戦略』ダイヤモンド社，2000年）

Huber, G. P. (1991) "Organization Learning：the Contributing Process and the Literatures", *Organization Science*, Vol. 2, pp. 821-832.

Inkpen, A. (1998b) "Learning and Knowledge Acquisition through International Strategic Alliance", *Academy of Management Executive*, Vol. 12, pp. 69-80.

Inkpen, A. (2000) "A Note on the Dynamics of Learning Alliance：Competition, Cooperation, Relative Scope", *Strategic Management Journal*, Vol. 21, pp. 775-779.

Lewis, J. (1990) Partnerships for Profit, The Free Press.（中村元一・黒田哲彦訳『知識の連鎖』ダイヤモンド社，1991年）

Wikstrom, S. and R. Norman (1994) "Knowledge & Value", Routledge.

江夏健一編著（1995）『国際戦略提携』晃洋書房

寺本義也・中西晶・土屋茂久・竹田昌弘・秋澤光（1993）『学習する組織』同文舘

根本孝（2004）『ラーニング組織の再生』同文舘

高井透（2001c）「組織間学習と合弁企業の組織能力」『組織科学』第35巻，pp. 44-62

大滝精一(1991)「戦略提携と組織学習」『組織科学』第25巻

――――《 推薦図書 》――――

1. Badaraco, L. J. (1991) *The Knowledge Link*, Harvard Business School Press.（中村元一・黒田哲彦訳『知識の連鎖』ダイヤモンド社,1991年）
   提携のマネジメントを知識の視点から捉えた書である.
2. Hamel, G. and Prahalad, C. K. (1994) *Competing for the Future*, Harvard Business School Press.（一條和生訳『コア・コンピタンス経営』日本経済新聞社,1995年）
   コア・コンピタンスの具体的な経営手法が議論されている書である.
3. 根本孝(2003)『ラーニング組織の再生』同文館
   組織の学習を多角的な視点から捉えた書である.

第Ⅳ部
戦略提携の発展

- 第Ⅳ部 戦略提携の発展
  - 第11章 協争戦略
  - 第12章 M&A戦略
  - 第13章 デファクト・スタンダード競争

- 第Ⅰ部 グループ経営
- 第Ⅱ部 グループ・ネットワーク
- 第Ⅲ部 戦略提携とは何か

戦略提携
アライアンス

第11章の要約

　本章では，ゲーム理論の考えを応用し競争と協力の同時性を意味する協争戦略について検討する．1.の「競争戦略と協力戦略」では，競争戦略と関係優位性について触れる．2.の「協争戦略とは何か」では，コーペティションという協争戦略の定義と内容そして5つの競争要因分析について触れる．3.の「バリューネット」では，ビジネスゲームにおける主要なプレイヤーと補完的生産者について説明する．4.の「ゲーム理論と協争戦略」では，ゲーム理論の歴史と価値，囚人のジレンマについて解説する．

第11章　協争戦略

1. 競争戦略と協力戦略

　ビジネス（business）とは，よく勝者と敗者を決める「戦争」のようにたとえられる．ライバルの市場を奪え，顧客を囲い込め，業界の参入障壁を高めよなど，これらの行為は，ビジネスが勝ち負けを争う戦争または競争であることを如実に物語っている．戦争や競争という視点からビジネスに接近する方法は，競争戦略（competitive strategy）とよばれている．80年代，ハーバード大学のポーター（Porter, M. E.）によって創設された学派であり，「産業構造ビュー」または「ポジショニング・スクール」とよばれることもある．競争戦略は，ライバルと競争していかに勝利するかに焦点が置かれている．競争のファクターを外部環境に求めるアプローチであり，いわば勝ち負け（win-lose）を争うゼロサム・ゲーム（zero some game）が競争戦略の本質であるといってもよい．

　競争戦略における重要なフレームワークのひとつに，5つの競争要因があげられる．これは，厳しい競争に勝つためには，自社がおかれている業界構造を正しく理解しつつ，業界内において自社の有利な位置を見つけることである．

　5つの競争要因は，「新規参入者の脅威」「買い手の交渉力」「供給業者の交渉力」「代替製品（サービス）の圧力」「既存企業との敵対関係」の5つあり，それぞれの分析から，業界内における自社の地位を明確化し，未来戦略の策定を可能とするため，数多く企業に採用された優れた分析手法の一つである．しかしながら，今日におけるこの分析手法の評価には，次のような限界も指摘されている．第1に，需要に影響を与える要因は関心を払わない．第2に業界という単位のみで議論し，個別企業には充分に注意が払われていない．第3に政府の役割が不明である．第4に定性分析が中心で定量分析ではない，ことである（Besanko, D., D. Dranove and M. Shanley, 2000）．

　一方，ビジネスの世界には，戦争や競争とはまったく逆の世界も存在する．顧客との関係性を構築せよ（顧客と対話せよ），ライバルから学習せよ，サプ

第11章 協争戦略

ライヤーシステムを構築せよなど，お互いが協力して勝利を勝ち取る平和または協力する姿である．平和や協力という視点からビジネスに接近する方法は，協力戦略（cooperative strategy）といわれている．協力戦略とは，双方が勝利（win-win）を収めるプラスサム・ゲーム（plus some game）である．協力戦略は，プロジェクトチーム，クロス・ファンクショナル・チームのような企業内協力（intra-firm cooperation）から，系列，グループ経営，アライアンスのような企業間協力（inter-firm cooperation）までを含む広い範囲を対象とする戦略を指す言葉であるが，協力戦略の本質をより分かりやすく説明するため，ここでは関係戦略（relational strategy）を取り上げてみよう．

今日のビジネスでは，「関係性」という概念がきわめて重要なキーワードとなりつつある．組織間ネットワークに注目する「組織間関係」，主に顧客との関係を重視する「関係性マーケティング」，売り手や買い手との間を管理する「リレーションシップ・マネジメント」など，いくつかの研究領域では，すでに主要なテーマとなっているが，戦略論の領域で「関係性」という概念を提唱した代表的な人物として，ダイアーとシンがいる．

ダイアーとシン（Dyer, J. H. and H. Singh, 1998）によると，競争優位の源泉

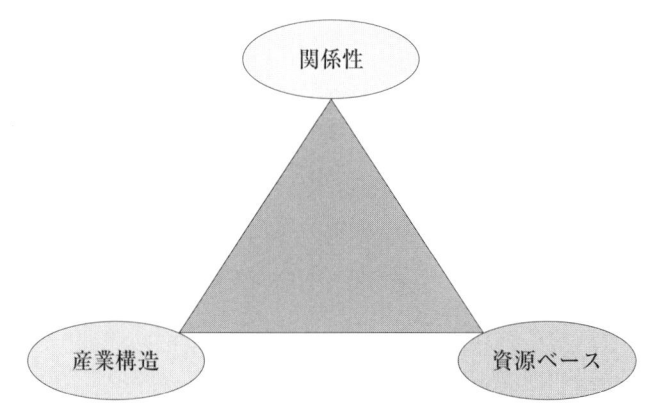

図表11－1　主要な戦略理論の比較

```
        関係性
       /    \
      /      \
     /        \
  産業構造 ── 資源ベース
```

に関する議論は，業界を分析単位とする産業構造（industry structure view），企業を分析単位とする資源ベース（resource based view）から，企業のペア（2つの企業同士）やネットワークを分析単位とする関係性（relational view）へ焦点が移行している．

というのも，企業の競争優位の源泉である中核的な資源や能力の生成は，すでに企業の境界を超えた範囲にまで拡大しており，企業間のルーチンな取り組みから企業間の資源や能力として生まれるようになったからである．たとえば，キヤノンでは，次世代事業としてテレビ事業の参入のため，東芝と提携しながら，SED（表面伝導型電子放出素子ディスプレイ）技術の開発に取り組んでいる．光学やイメージング技術など数多くの競争力の高い知識・ノウハウを所有しているにもかかわらず，キヤノンが東芝と協力関係を結んだその背景には，単にリスクやコストの低減ではなく，キヤノン独自の電子源技術，微細加工技術と東芝の高いブラウン管技術，液晶・半導体量産技術を結集することで，新しい表示方式の薄型ディスプレイを生み出す戦略的意図が潜んでいる．

ダイアーとシン（Dyer, J. H. and H. Singh, 2000）は，関係優位性（relational advantage）を構築するには，次のような4つの基本戦略があるものと主張する．第1は，知識共有ルーチンの創造（creating knowledge sharing routines）である．これは，提携パートナーとの協力や協働を通じて暗黙的な知識・ノウハウの学習を指すものだが，相手から知識・ノウハウを移転する際，受け手側の吸収能力の充実が求められる．一方，知識理解能力とよんでもかまわない吸収能力を高めるには，パートナー間の知識基盤の重複化を図る，パートナー間の相互作用の最大化が重要なカギを握っている．最後に，知識共有ルーチンの創造から関係優位性を構築するには，パートナー間の透明性を高める，パートナー同士がただ乗り防止に心がけることが何よりも大切である．第2は，補完的パートナーの選択（choosing complementary partners）であり，自社資源や能力と比べて補完性の高い資源または能力を持つパートナーを探し出すことである．もし，補完的なパートナーが見つかれば，大きなリターンを生み出すこと

ができるが，逆に補完性の低いパートナーを選択したならば，マイナスシナジーが働き大きな効果は期待できない．補完性のある資源や能力を有するパートナーを選ぶための秘訣とは，相手の資源や能力の価値の把握に加え，潜在的な補完性を評価する能力の開発が重要である．また，資源や能力の補完性を意味する戦略的補完性に加え，意思決定プロセスや調整システムという組織的補完性にも十分配慮すべき必要がある．第3は，相互特殊化資産の構築と管理（building and managing co-specialized assets）である．関係特殊化資産とも呼べる相互特殊化資産は，それぞれのパートナーと明らかに結びついている資源や能力のことであり，これらの資産を生み出しうる的確なマネジメントが求められる．相互特殊化資産は，市場の不確実性が解消されたオペレーション効率を達成する状況下で特に重要である．また，この種の資産は，個々の企業の資産が組み合わされ，カスタマイズされた資産のため，ライバルに対する模倣困難性を高める効果もある．第4は，効果的なガバナンス・プロセスの確立（establishing effective governance processes）である．効果的なガバナンス・プロセスには，つぎのような2つのメカニズムが考えられる．ひとつは，公式のメカニズムであり，これは，正式な文書を通じた契約，協力業務の進捗を監督する委員会の編成などである．もうひとつは，パートナー間における社員同士が個人的な信頼関係を構築するという非公式のメカニズムである．そして，これら2つのメカニズムのうち，関係優位性のための戦略として優れているのは，非公式のメカニズムである．というのも，非公式のメカニズムの方が市場の不確実性に柔軟に対処できる．公式のメカニズムは，最高の努力と資源を引き出すインセンティブとはならないからである．

2. 協争戦略とは何か

ビジネスはよくゲームにたとえられる．たとえば，日本でも盛んなサッカーや野球というゲームを考えたとき，自分が勝利するためには，相手が失敗しなければならない．ところが，実際のビジネスの世界では，自分が勝利するには

必ずしも相手が負ける必要はない．勝者は一人だけではなく，多くの勝者が生まれてもよいからである．このため，優れたマネジャーほど，競争するだけでなく協力することも同時に考えるのである．

ネットワーク・ソフトウエア会社ノベル（Novell）の設立者であるレイ・ノーダ（Ray Noorda）は，厳しい企業間競争に打ち勝つには「競争すると同時に協力しなければならない」と主張し，コーペティションという新たな言葉を生み出した．コーペティションは，競争（competition）と協力（cooperation）を掛け合わせた言葉であり，協争（coopetition）とも表現できる造語である（図表 11 - 2）．

コーペティション（協争）という概念は，最近，幾つかのビジネス研究の領域でも応用されるようになってきた．たとえば，ベントソンとコック（Bengtsson, M. and S. Kock, 2000）は，フィンランドとスウェーデンの計3つの産業を対象に競争企業間における協争関係にフォーカスして分析を行った．サイ（Tsai, W., 2005）は，マルチユニット組織内における協争の社会構造として，

図表 11 - 2

協争の定義

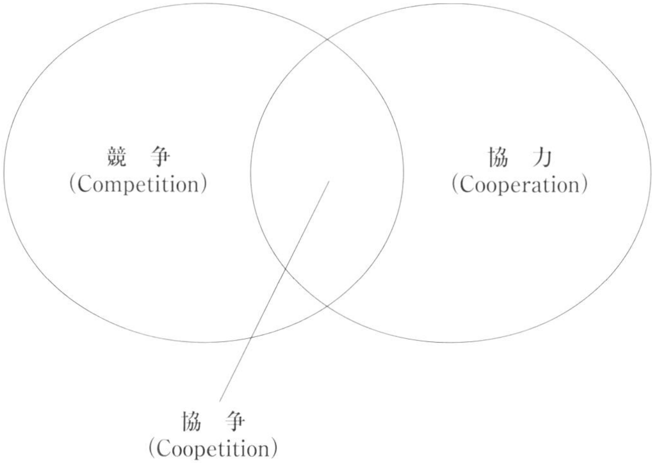

競　争
(Competition)

協　力
(Cooperation)

協　争
(Coopetition)

組織内ネットワークにおける知識共有の調整メカニズムの効果について実証研究を行った．さらにリュウ（Luo, 2005）は，多国籍企業のユニット間におけるコーペティションを主に4つのタイプに分類した．すなわち，競争と協力がともに高いセルを「ネットワーク・キャプテン」，競争と協力がともに低いセルを「サイレント・インプリメンター」，競争が高く協力が低いセルを「アグレッシブ・ディマンダー」，競争が低く協力が高いセルを「アーデント・コントリビューター」のように類型化した．

一方，アカデミックな領域でコーペティションという新しい枠組みを主張したのは，ネイルバフとブランデンバーガー（Nalebuff, B. J. and A. M. Brandenburger, 1997）である．彼らによると，ビジネスとは「パイ」を作り出すときには協力し，「パイ」を分けるときには競争することである．つまり，企業同士は，市場を作るときはお互いに協力者（補完的生産者）であるが，市場を分ける際は競争相手となるのである．

協争戦略（coopetitive strategy）の内容を明らかにするため，ここではポーターの競争戦略（competitive strategy）と比較してみよう．80年代，ポーターは5つの競争要因（the five competitive forces），コスト・リーダーシップ，差別化，集中化という3つの基本戦略（generic strategies），価値連鎖（value chain）という一連の重要な分析枠組みを発表した．なかでも，5つの競争要因は，「競争業者」「新規参入者」「代替製品・サービス」「供給業者」「買い手」を通じて，業界の魅力度，業界の収益性に影響を及ぼす諸要因を明らかにする分析枠組みとして，現在でも実務に導入されている重要なフレームワークである．ポーターによると，「競争業者」は，業界内における競合関係である．競合関係を決定するその主な要因には，① 企業数と規模，② 業界の成長性，③ 固定費，④ 製品の差別化，⑤ 撤退障壁があげられる．「新規参入者」は，新たなプレイヤーの業界参入の脅威であり，通常，参入の脅威は参入障壁によって決定される．主な参入障壁には，① 規模の経済性，② 投下資本，③ 製品の差別化，④ スイッチング・コスト，⑤ 政府の政策があげられる．「代替製

品・サービス」は，既存製品・サービスに対する代替製品・サービスの脅威である．たとえば，砂糖に対する代替製品の脅威は人口甘味料やシロップである．もっとも注意が必要な代替製品・サービスとしては，① 業界の製品をコスト・パフォーマンスで上回る代替製品，② 収益性の高い業界における代替製品である．「供給業者」は，価格や品質の変化を通じた業界内における企業に対する供給業者の交渉力である．主な供給業者の交渉力としては，① スイッチング・コスト，②（納入）製品の差別化，③ 供給業者の集中度などがあげられる．「買い手」は，値下げや品質・サービスの充実の要求，ライバル同士を競合させるなど，買い手の交渉力である．買い手の交渉力の主な決定要因として，① 買い手の集中度，② 買い手の購入量，③ 製品の標準化などがあげられる．

しかしながら，ポーターによる5つの競争要因分析には，つぎのような偏った見方もまた潜んでいる．それは，5つの競争要因を自社（1社）の利益に対する「脅威」に見なしている点である．このため，競争関係にある企業同士が政府や行政に対して規制緩和を要求する，業界標準を巡るデファクト・スタンダードにおいてライバル同士が互いにスクラムを組む，次世代技術の開発に伴うコンソーシアムや産官学連携を形成するという，今日的な企業行動を完全に分析または説明しきれないと批判する論者も少なくない．

3. バリューネット

5つの競争要因分析が「脅威」の把握に主眼が置かれるのに対し，次に述べるバリューネットは「脅威」と「機会」の把握に焦点が当てられた分析手法である．ネイルバフとブランデンバーガーは，やみくもに競争を追いかけるポーターの5つの競争要因に対抗して，バリューネットという新たな分析枠組みを提唱した．バリューネット（value net）は価値相関図とも訳され，主な参加者としては，顧客（customers），供給者（suppliers），競争相手（competitors）そして補完的生産者（complementors）をあげている（図表11-3）．

バリューネットの参加者のうち，カギを握るプレイヤーは，コンプリメン

図表11－3

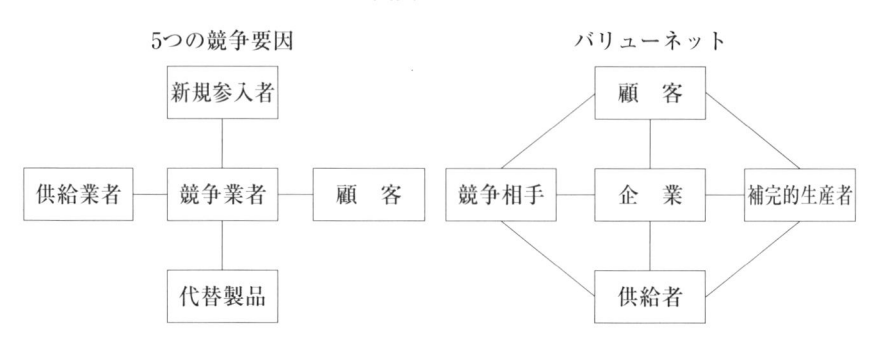

5つの競争要因

```
          新規参入者
             │
供給業者 ─ 競争業者 ─ 顧　客
             │
          代替製品
```

バリューネット

```
          顧　客
         ╱     ╲
競争相手 ─ 企　業 ─ 補完的生産者
         ╲     ╱
          供給者
```

ターとよばれる補完的生産者である．ネイルバフとブランデンバーガーは，補完的生産者の定義をつぎのように規定する（文章を一部修正）．「自分以外のプレイヤーの製品を顧客が所有したときに，それを所有していない時よりも顧客にとって自分の製品の価値が増加する場合，そのプレイヤーを補完的生産者と呼ぶ．」

　補完的生産者は，一言で表わすと，補完財（補完的な製品・サービス）を生産する企業である．ビジネスにおいて，補完財の事例は無数に存在する．たとえば，ホットドッグとマスタード，自動車と自動車ローン，テレビとビデオデッキなどであるが，もっとわかりやすい事例を紹介しよう．映画産業は，ビデオやDVDの登場で一時は衰退の危機が叫ばれたが，その普及に伴い，あの映画をもう一度見たいという新たな顧客ニーズが生まれ，逆に大きな利益を獲得した．また，世界最大の半導体メーカーであるインテルと世界最大のソフトウエア会社であるマイクロソフトは，マイクロソフトの製品名であるウインドウズとインテルの社名を合成して"ウィンテル"とよばれるほど両社の関係は深い．なぜなら，インテルが高速の超小型演算処理装置（MPU）を開発するとマイクロソフトの利益となり，マイクロソフトが高性能のオペレーションソフト（OS）を開発すれば，インテルの利益となる相互利益の関係を有しているからである．

　ここで，航空産業の日本航空を取り上げて実際にバリューネットを描いてみ

図表11－4

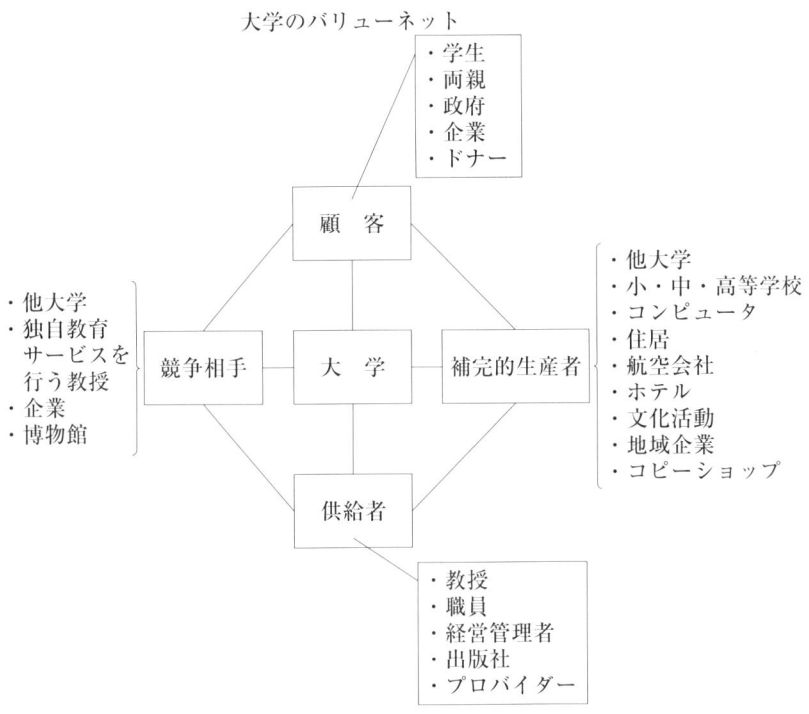

大学のバリューネット

顧客
・学生
・両親
・政府
・企業
・ドナー

競争相手
・他大学
・独自教育サービスを行う教授
・企業
・博物館

大　学

補完的生産者
・他大学
・小・中・高等学校
・コンピュータ
・住居
・航空会社
・ホテル
・文化活動
・地域企業
・コピーショップ

供給者
・教授
・職員
・経営管理者
・出版社
・プロバイダー

(出所) Brandenburger and Nalebuff, 邦訳（1997：38）

よう．日本航空（JAL）からすると，同社の「顧客」はビジネス客やレジャー客である．つぎに，同社の「供給者」は飛行機メーカーのエアバス社やボーイング社である．また，同社の「競争相手」は全日空（ANA）があげられる．最後に日本航空の「補完的生産者」は，日航ホテル，JALパック，マイレージカード会社など，主要なJALグループが該当するだろう．さらに，バリューネットが描く「協争」の世界をよりわかりやすく説明するため，大学の価値相関図を描いてみよう（図表11－4）．

まず，大学の「顧客」には，学生，両親，政府，企業，ドナーがあげられる．言うまでもなく，学生は大学にとって重要な顧客である．両親もまた学費を支払っている点からすると顧客に相当する．企業もまたビジネス・スクールや

ロースクールなどの専門大学院における大切な顧客である．政府もまた奨学金によって援助する点から顧客である．最後に，寄付金提供者（ドナー）は大学経営にとって大切な顧客である．次に，大学の「供給者」には，教授，職員，経営管理者，出版社，プロバイダーがあげられる．教授，職員，経営管理者は大学の働き手という意味から供給者である．出版社やプロバイダーもまた大学の重要な供給者としてあげられる．大学の「競争相手」には，他大学，独自教育サービスを行う教授，企業，博物館があげられる．周知のとおり，大学はその他の大学と，教授はその他の大学の教授と互いに競い合っている．企業もまた大学の重要な競争相手として考えられる．たとえば，最近，特に大企業では，コーポレート・ユニバシティを設置するなど，独自のプログラムを実施するケースが増えているが，大学からみた場合，これは新たな競争相手と考えてもよいのである．最後に，大学から見て，博物館や病院などは重要な寄付金提供者（ドナー）の候補であり，これらもまた競争相手として位置づけられる．大学の「補完的生産者」には，他大学，小・中・高等学校，コンピュータ，住居，航空会社，ホテル，文化活動，地域企業，コピーショップがあげられる．他大学とは学生や教員を巡って互いに競争しているが，大学市場を拡大するという意味では補完的生産者である．小・中・高等学校は，教育水準の向上に伴い，大学進学率の増加が見込めるため補完的生産者と考えられる．また，コンピュータのような教育リテラシー，大学周辺の住居なども補完的生産者である．

　ところで，バリューネットのうち，顧客と供給者は，価値を創造するうえで重要な役割を担っている．なぜなら，両者との協力なくして製品やサービスは生まれないからである．しかしながら，ステージが価値を生み出す段階からパイを奪い合う段階に突入すると，顧客や供給者は一転して敵に変わる．顧客は値下げを要求し，供給者は自分たちの都合のいい行動に出るからである．

　バリューネットのプレイヤーが一転して敵から味方へ変わる事実は，顧客と供給者だけではない．バリューネットの競争相手と補完的生産者が逆転する場合もある．たとえば，日本航空は，全日空と国内市場を巡って激しいパイの取

り合い競争を繰り広げているが，同時に，これらの企業は航空機の購入価格を下げるため，エアバスやボーイングなど世界の航空機メーカーに対して，協力して設計や生産の標準化を強く要望する行動をとっている．

このように，我々はバリューネットを描くことによって，ビジネスの真の姿である競争と協力の関係を浮き彫りにすることができる．

4. ゲーム理論と協争戦略

ゲーム理論の歴史と価値について説明しよう．ゲーム理論の創始者は，ハンガリー出身の天才数学者ジョン・フォン・ノイマン（John Von Neumann：1903～1957）である．彼は，数学者として電子計算機の開発や第二次世界大戦時におけるマンハッタン計画にも参加したノーベル賞科学者である．フォン・ノイマンは，1920年代から40年代にかけて，チェスやポーカーなどゲームの数学的構造の解明に取り組み，1944年，経済学者オスカー・モルゲンシュテルンと共著で『ゲームの理論と経済行動（theory of games and economic behavior）』を出版した．この書は，アメリカ数学学会から「20世紀前半における主要な科学的業績のひとつである」と賞賛された．

1950年，アメリカのランド研究所（軍事戦略の研究を専門とするシンクタンク）のメリル・フラッドとメルビン・ドレッシャーは，ゲーム理論の代表的事例である囚人のジレンマ（prisoner's dilemma）を考案し，同顧問のアルバート・タッカーによって精緻化された．

その後，ゲーム理論は，経済学，経営学，政治学などの社会科学全般だけでなく，生物学やコンピュータ・サイエンスなどと影響を及ぼしあう学問分野まで成長した．とりわけ，経済学の領域では，1980年代から産業組織論や情報経済学を中心に盛んに応用されるようになった．

1994年，ジョン・ナッシュ，ジョン・ハルサーニ，ラインハルト・ゼンデンら3人のゲーム理論研究者に対してノーベル経済学賞が与えられた．特にジョン・ナッシュによって解明されたライバルが戦略を変更しなければ，自社

もまた戦略を変えない状態が戦略の均衡状態であるとする「ナッシュ均衡」は，非協力ゲームにおける解概念としてあまりにも有名である．

また，2005年のノーベル経済学賞はロバート・オーマン，トーマス・シェリングら2人のゲーム理論研究者に与えられた．彼らは，国家間の紛争や協調など利害が対立する人びとがどのように意思決定すると長期的な信頼関係が形成されるのかゲーム理論によって解明した．

ゲーム理論（game theory）は，相互依存性のある状況における合理的な行動に関する研究である．相互依存性とは，どんなプレイヤーもその他のプレイヤーたちの行動から影響を受けることであり，合理的な行動とは，プレイヤーが自分たちの見地から最善を尽くそうとする努力である．

ゲーム理論で有名なのは，「囚人のジレンマ」である．これは2人の容疑者が警察の取り調べを別々に受ける話である（図表11－5）．

容疑者AとBの2人の容疑者に対して，警察は，どちらかが自白して相手がしなかった場合，自白した側は釈放するが黙秘した側は無期懲役に処する．もし，2人とも自白すれば懲役10年となり，もし，2人とも黙秘を貫けばそれぞれ懲役1年の刑に処すものと取引を持ちかけた．

図表11－5　囚人のジレンマ

		容疑者B	
		自白する	黙秘する
容疑者A	自白する	A：懲役10年 B：懲役10年	A：釈放 B：無期懲役
	黙秘する	A：無期懲役 B：釈放	A：懲役1年 B：懲役1年

こうした状況下で2人の容疑者は大きなジレンマ（葛藤）に陥る．それは，2人とも，相手が自分を裏切って自白するかもしれない不安を抱くことである．というのも，もし自分が黙秘を貫いたとしても，相手が裏切って自白すれば自分は無期懲役となるからである．この結果，2人の容疑者は共に自白することになり，それぞれ懲役10年の刑となってしまうのである．しかし，もし2人とも相手を裏切らず黙秘していれば，ともに1年の懲役で済んだ．

　囚人のジレンマの教訓とは，① 個人が勝手な行動をとるとグループの利益にならない．② もし，個人が自分の利益を最大にしようとして行動に出た場合，もっとも望ましくない結果となる．③ 相手を信じて互いに協力できるならば，もっとも望ましい結果が得られる．

　最後に，ゲーム理論と協争戦略について考えてみよう．ここまでビジネスゲームにおけるプレイヤーについて述べてきた．具体的には，バリューネットという分析枠組みを用いることで，ゲームのプレイヤーが誰でどんな役割を担っているのかが明らかとなった．また，ゲームの参加者のなかでも，とりわけ，補完的生産者の重要性が指摘された．ゲームのプレイヤーとして，顧客，供給者，競争相手はすぐに思い浮かぶのに比べ，補完的生産者の視点はこれまで見逃されてきたポイントである．

　一方，協争戦略におけるバリューネットを描く際に注意が必要なのは，自己中心主義ではなく，他者中心主義で考えることである．つまり，ゲーム理論の教えとは，自分の立場からよりも，他者の立場からモノを考えることである．但し，注意しなければならないのは，自分の立場から考えることを軽視してよいというものではない．競争と協力の同時性を意味する協争戦略の原理とは，自己中心的（egocentric）と他者中心的（allocentric）の同時性なのである．

演・習・問・題

問 1 関係優位性について説明しなさい．
問 2 バリューネットを論じなさい．
問 3 補完的生産者について述べなさい．

参考文献

Bamford, J. D., B. G. Casseres and M. S. Robinson (2003) *Mastering Alliance Strategy : A Comprehensive Guide to Design, Management and Organization*, Jossey-Bass.

Bengtsson, M. and S. Kock (2000) "Coopetition" in Business Networks-to Cooperate and Compete Simultaneously, *Industrial Marketing Management*, 29, pp. 411-426.

Besanko, D., D. Dranove and M. Shanley (2000) *Economics of Strategy 2/Edition*, John Wiley & Sons.（奥村昭博・大林厚臣監訳『戦略の経済学』ダイヤモンド社，2002 年）

Brandenburger, A. M. and B. J. Nalebuff (1995) The Right Game : Use Game Theory to Shape Strategy, *Harvard Business Review*, 73, pp. 57-71.

Brandenburger, A. M. and B. J. Nalebuff (1997) *Co-opetition*, Currency and Doubleday.（嶋津祐一・東田啓作訳『コーペティション経営』日本経済新聞社，1997 年）

Dyer, J. H. and H. Singh (2000) Using Alliances to Build Competitive Advantage in Emerging Technologies, Day, G. S. and J. H. Schoemaker, eds., *Wharton on Managing Emerging Technologies*, John Wiely & Sons.（小林陽太郎訳『ウォートンスクールの次世代テクノロジー・マネジメント』東洋経済新報社，2002 年）

Ghemawat, P. (2001) *Strategy and the Business Landscape : Core Concepts*, Prentice Hall.（大柳正子訳『競争戦略論講義』東洋経済新報社，2002 年）

Luo, Y. (2005) Toward Coopetition within A Multinational Enterprise : A Perspective from Foreign Subsidiaries, *Journal of World Business*, 40, pp. 71-90.

Porter, M. E. (1998) *On Competition*, Harvard Business School Press.

Poundstone, W. (1992) *Prisoner's Dilenma*, Doubleday.（松浦俊輔訳『囚人

のジレンマ:フォン・ノイマンとゲームの理論』青土社,1995年)

Tsai, W. (2005) Social Structure of "Coopetition" Within a Multiunit Organization, Competition and Intraorganizational Knowledge Sharing, *Organizational Science*, Vol. 13, No. 2, Mar-Apr, pp. 179-190.

青島矢一・加藤俊彦 (2003)『競争戦略論』東洋経済新報社

《推薦図書》

1. Brandenburger, A. M. and B. J. Nalebuff (1997) *Co-opetition*, Currency and Doubleday. (嶋津祐一・東田啓作訳『コーペティション経営』日本経済新聞社, 1997年)

    コーペティション,協争戦略の内容と分析枠組みについて詳しく説明されている.

2. Poundstone, W. (1992) *Prisoner's Dilenma*, Doubleday. (松浦俊輔訳『囚人のジレンマ:フォン・ノイマンとゲームの理論』青土社, 1995年)

    フォン・ノイマンの紹介に加え,ゲーム理論,囚人のジレンマ,ナッシュ均衡などが詳しく解説されている.

第12章の要約

　本章では，近年，企業戦略として活発化する M&A について検討する．1. の「M&A とは何か」では，わが国における M&A の背景とその理由を述べながら，M&A の形態，目的，効果について触れる．2. の「友好的買収と敵対的買収」では，それぞれの説明と代表的事例を交えながら，敵対的買収に対する防衛手段について触れる．3.「M&A プロセスと統合」では，M&A プロセスの説明に加え，デュー・ディリジェンスの中味について説明する．4. の「M&A と株主権限」では，被買収企業の株式をどのくらい取得できるかどうかで株主としての権限が変化する取得株式と株主権限との関係について詳しく説明する．

第12章　M&A戦略

1. M&Aとは何か

　最近，新聞紙上でM&Aや敵対的買収という言葉が紙面を賑わしている（コラム　M&Aの動向を参照）．たとえば，ライブドアによるニッポン放送およびフジテレビの買収，楽天によるTBSの買収はマスコミを大きく賑わし世間の話題をさらった．また，イトーヨーカ堂，セブンイレブン・ジャパン，デニーズジャパンの3社による突然の持株会社「セブン&アイ・ホールディングス」の設立は，これまで放置してきた「親子逆転」というねじれた資本関係の是正と敵対的買収に備える狙いによるものである．さらに，拡大の一途を辿るM&Aブームから，味の素では，組織内に企業買収に精通した経験者によって構成された「コーポレート戦略チーム」を設置してM&Aを通じた企業拡大に取り組んでいる．

　近年，活発化する敵対的買収や国境を超えたクロスボーダーM&Aの起源とは，19世紀末の米国まで遡ることができる．当時の米国では，鉄鋼や鉄道など独占的な巨大企業がM&Aを通じて誕生し，その後，現在まで多角化や会社支配の主要な手法として採用されている．一方，日本では，最近になってTOB（株式の公開買い付け）のような敵対的買収が行われるようになったが，米国のそれに比べると，まだ初期段階に過ぎない状況にある．

　日本においてM&Aが遅れてきた背景と近年の急速な進展に関する主な理由について考えてみよう．M&Aが遅れてきた第1の背景は，終身（長期）雇用や年功序列といった伝統的な日本型経営の影響と"会社は株主のものではなく従業員や社員のもの"とする「人本主義」の過剰な意識や受け取りから，ヒトや企業を売り買いすることに対する強い嫌悪感があったことがあげられる．つまり，企業経営において合理性よりも情緒性が重視され，会社は株主のものと考える「資本の論理」があまりにも軽視されてきたのである．第2の背景として，日本企業の資金調達は，長年，メインバンクを中心に株式の持ち合いや

「間接金融」によるやり方が主流であったことである．これは，財閥や企業同士で少数の株式を互いに持ち合うことで，安定した企業経営や万が一の企業買収に備える目的が潜んでいたものと考えられる．第3の背景は，M&Aに関連する法規制が未整備であったことである．というのも，先のような理由から，日本では，長年敵対的な買収や強引なM&Aのやり方は行われてこなかった．このため，国際的にも法務，会計，税務に関連する諸制度の遅れが生じた．

一方，M&Aが急速に進展した第1の理由は，従来までの日本型経営や人本主義意識の変化である．最近，多くの企業で成果主義が導入されたり，日本企業に占める外国人投資家たちの持株比率の増大に伴い，これまでの株主軽視と長期的な経営スタイルがもはや許されなくなる一方，逆に株主に対する適切なリターンが強く要求されるようになった影響が大きい．第2の理由は，資金調達の手段がメインバンク中心の「間接金融」から，企業が社債や株式を直接発行して資金を調達する「直接金融」へ移行し，もはや株主や株式市場を無視できなくなったことに加え，これにより金融機関との持株解消の動きも強まっていることである．バブルの崩壊以降，日本の銀行各社は大量の不良資産を抱え赤字に陥り，その処理の影響からメインバンクとしての機能を喪失してしまった影響が大きいものと考えられる．第3の理由は，企業戦略や組織再編の動きとともに，純粋持株会社の解禁や商法の改正を含む法律の見直し，国際的な連結会計の導入といった会計ビッグバン，さらに連結納税や企業組織再編税制の適応という税制改革など，法務，会計，税務などに関連するM&Aのルールが整備されたことである．主なM&A関連制度をあげると，1997年独禁法改正に伴う「持株会社解禁」，1999年「株式交換・株式移転制度」の創設，2000年「民事再生法」の施行，2001年「会社分割制度」の創設と「金庫株」制度の導入，2002年「新株予約権・種類株」の承認や「連結納税制度」の導入，2003年「産業再生法改正」などがあげられる．

M&Aは，合併（Merger）と買収（Acquisition）のそれぞれの頭文字から作られた略語であり，相手企業の経営支配権の移転を目的とする経営活動である．

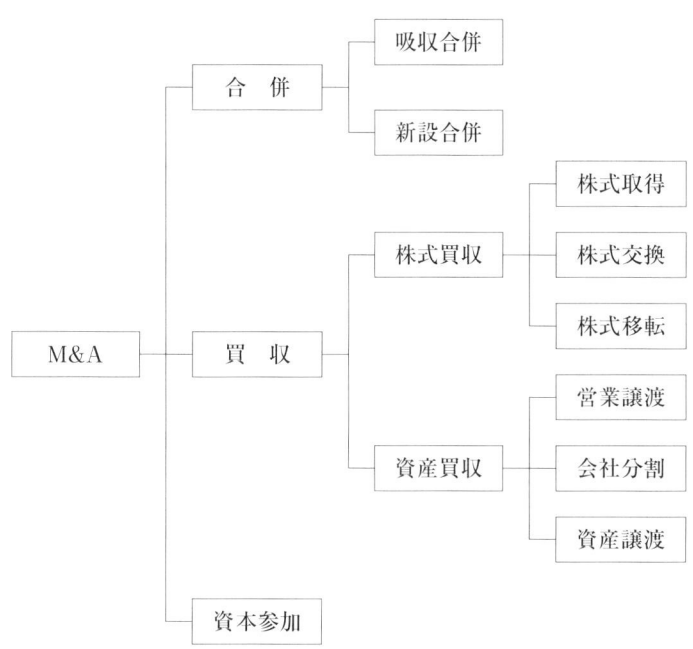

図表 12 − 1　M&A の形態

```
M&A ─┬─ 合　併 ─┬─ 吸収合併
     │          └─ 新設合併
     ├─ 買　収 ─┬─ 株式買収 ─┬─ 株式取得
     │          │            ├─ 株式交換
     │          │            └─ 株式移転
     │          └─ 資産買収 ─┬─ 営業譲渡
     │                       ├─ 会社分割
     │                       └─ 資産譲渡
     └─ 資本参加
```

資料）野村證券経営調査部資料をもとに作成

　図表 8 − 3 の「戦略提携のタイプ」では，「資本提携」に分類される経営手段であるが，M&A の形態は図表 12 − 1 のように「合併」「買収」「資本参加」の 3 つに分類できる．

　「合併」とは，2 社以上の会社が統合してひとつの会社になることである．合併には，「吸収合併」と「新設合併」がある．「吸収合併」とは，消滅会社が解散して存続会社に吸収されることであり，たとえば，ソニーによるアイワの吸収合併では，ソニーが存続会社となりアイワが消滅会社として解散した．このタイプの合併は，強者が弱者を吸収するため，責任と権限における混乱は回避でき，社内融和も比較的図りやすいものの，人事面において不公平な待遇が発生したり，吸収された会社の負の遺産を相続しなければならない問題もはらんでいる．一方「新設合併」とは，複数の会社がすべて解散して新たな会社を

設立するものである．たとえば，名古屋三越，千葉三越，鹿児島三越，福岡三越の4社が解散して，新たに三越を設立したケースは，これに該当するものである．この種のタイプの合併は，市場占有率の拡大や競争力強化などが実現できる一方，責任と権限を互いに分担するため会社としての一体感の欠如や両社間における企業文化の融和に時間がかかるなどの課題も残される．

「買収」とは，50％以上の株式取得を意味する「株式買収」，事業または固定資産の取得を意味する「資産買収」に大きく分けられる．「株式買収」とは，現金による株式取得である「株式取得」，他の会社を100％完全子会社化する手法であり，株式の交換による買収を指す「株式交換」，1社または複数の会社で完全親会社（純粋持株会社）を設立する手法であり，株式移転方式による共同持株会社設立を意味する「株式移転」の3つに分類される．一方，「資産買収」とは，営業権や事業部門の取得である「営業譲渡」，主に既存の事業を分離して別会社化する手法であり，会社分割制度を用いた事業譲渡である「会社分割」，固定資産の取得を意味する「資産譲渡」の3つに分けられる．

「資本参加」とは，50％以下の株式取得であると定義され，緩やかな支配を意味するものである．

「合併」「買収」「資本参加」というM&Aの3形態における現状は，つぎのとおりである．野村證券経営調査部（2006）によると，2005年の日本企業のM&A形態別割合は，M&Aの全件数に占める「合併」の割合は18.4％，株式取得，株式交換，株式移転を含む「株式買収」の割合は36.8％，営業譲渡，資産譲渡，会社分割を含む「資産買収」の割合は20.9％，「資本参加」の割合は23.9％となっている．とりわけ，株式買収のうち，事業拡大を目的とした株式取得および既存事業強化を目的とした資本参加が近年大幅に増加している．

M&Aの目的について「買収側」と「被買収側」の視点から整理すると，つぎのようになる．「買収側」の主な目的とは，①経営規模の拡大，②既存事業の強化，③新市場への参入などである．一方，「被買収側」の主な目的としては，①リストラクチャリング，②後継者難，③業績不振などがあげられる．

また，M&Aの主な効果には，① シナジーという「相乗効果」，② スピードという「時間節約」，③ コストやリスクの低減などがあげられる．

2. 友好的買収と敵対的買収

M&Aには，買収企業（acquiring firm）と被買収企業（acquired firm）との合意または了解の有無から，友好的買収と敵対的買収に分けられる．

友好的買収（friendly takeover）は，被買収企業の取締役会の合意を得て行われる買収である．友好的買収は，被買収企業の業績悪化による救済を目的としたり，あるいは不採算事業からの撤退・売却を機に買収するケースが多く，これまでの日本のM&Aのそのほとんどは，このパターンであったといってもよい．

今日，友好的買収を展開し成功を収めている代表企業として日本電産（NIDEC）があげられる．日本電産は，これまで経営不振に陥った23社を買収し，そのすべてを再生させるだけでなく，買収企業がグループ全体の業績を押し上げるまで成長を遂げている．90年代以降，日本電産は幾多のM&A戦略を成功させてきたが，なかでも注目されたのが2003年10月の三協精機（現日本電産サンキョー）の買収劇である．日本電産が三協精機を買収する前と後の業績の変化を比較してみよう．買収前のあたる2001年度，2002年度，2003年度の連結純利益は，78億円，104億円，287億円と3年連続で赤字を計上して深刻な業績不振であった．ところが，日本電産に買収された後の2004年度は，一転して177億円の黒字と過去最高の業績を記録した．

企業買収が失敗する理由の多くは，買収後のオペレーションに問題があるといわれるなか，日本電産による企業再建の主なポイントは，次のようにまとめられる．

① 3Q6Sという基本精神の徹底である．3Qとは「良い社員」「良い会社」「良い製品」というqualityを表わし，6Sとは「整理」「整頓」「清掃」「清潔」「作法」「しつけ」の頭文字である．

② 「事務用品費」「光熱費」「出張費」「交際費」など経費の徹底した削減である．

③ 三大精神の厳守（「情熱・熱意・執念」「すぐやる・必ずやる・出来るまでやる」「知的ハードワーキング」）である．

④ 購買力の強化である．

⑤ 実力主義による人事・賃金制度の確立である．

⑥ 年間労働時間と出勤率の向上である．

日本電産では，このような厳しい対応とは正反対な部分も存在する．それは，買収した企業の人員整理を行わず，工場や事業所も基本的に閉鎖しないことである．日本電産の企業再生の真髄とは，ヒトやモノをどんどん切り捨てて再生するリストラクチャリングではない．企業が衰退するほとんどのパターンは，社員らの意識の低下が根本的な原因であり，企業再生の処方箋とは，大胆な外科的手術を施すのではなく，人材の意識改革という，漢方療法と心理療法を組み合わせることで回復できるものと考えている．

一方，敵対的買収（hostile takeover）とは，被買収企業の取締役会の合意を得ずに強引に買収を仕掛けるものである．敵対的買収は，世界のM&Aの割合のうち，もっとも多いときは20%，少ないときは4%ともいわれている．これまで日本国内で敵対的買収の実施は，非常に困難であった．たとえば，80年代，大手ベアリングメーカーであるミネベアが蛇の目ミシンに対して敵対的買収を仕掛けた後，三協精機の買収工作も図ったが，三協精機のメインバンクであった三菱銀行や新日本製鉄などがホワイト・ナイトの役割を演じてこれを阻止した．まだ，当時の日本では，戦略的M&Aという強引な企業買収のやり方を断固として認めない暗黙のルールが強かったからである．

敵対的買収の代表的な手法として，TOB（Take Over Bid）というやり方がある．TOBとは「株式の公開買い付け」と訳され，主に経営権の取得や支配権強化のため，取得したい企業の株式を市場価格より高い価格で買い付けることを公表し買い取る手段であり，最近のケースでは，外食企業のオリジン東秀

を巡ってイオンとドンキ・ホーテが互いに TOB を仕掛けて競い合うなど，近年，その件数は増加の一途を辿っている．

　敵対的買収に対する防衛策について触れてみよう．防衛策は，大きく「事前の防衛策」と「事後の対抗策」に区別できる．事前の主な防衛策としては，ポイズン・ピル（poison pill），ゴールデン・パラシュート（golden parachute）などがあげられる．「ポイズン・ピル」は，「毒薬」と訳され，株主にあらかじめオプションを付与しておき，敵対的買収の際，買収コストが高くつくことで買収を困難にする策である．「ゴールデン・パラシュート」は，買収された企業の経営陣が解任された際，巨額の退職金が支給される雇用契約を結ぶ策をいう．

　一方，事後の主な対抗策には，パックマン・ディフェンス（pac-man defense），ホワイト・ナイト（white knight），グリーン・メイル（green mail），クラウン・ジュエル（crown jewel）などがある．「パックマン・ディフェンス」は，買収を仕掛けた企業に逆に買収を仕掛ける策である．「ホワイト・ナイト」は，「白馬の騎士」と訳され，買収を受けた企業にとってより好ましい友好的な別の会社に買収を依頼する策である．「グリーン・メイル」は，株式市場でターゲット企業の株式を買い集め，逆にターゲット企業へ買い取りを迫る策である．「クラウン・ジュエル」は，「王冠の宝石」と訳され，買収企業に狙われている被買収企業の事業や子会社を第三者へ売却する策である．

3. M&A プロセスと統合

　基本的な M&A プロセスは，ディール（deal）とよばれる案件の成立をはさ

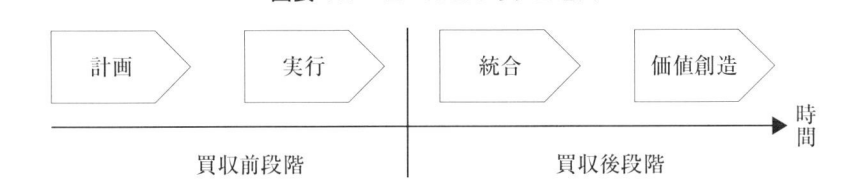

図表 12－2　M&A のプロセス

計画 → 実行 → 統合 → 価値創造 → 時間

買収前段階　｜　買収後段階

んで大きく買収前段階(pre-acquisition)と買収後段階(post-acquisition)に区別される(図表12-2).

　順にM&Aプロセスを説明すると,最初の「計画」は,主にM&Aを実施する必要性や買収の動機・目的の整理など,買収戦略を明確化する段階である.この段階で重要なのは,企業理念やミッションの再考,多角化を図る方向を規定する事業ドメインの再定義を行いながら,自社のスタンスを明らかにすることが大切である.

　つぎに「実行」は,買収の準備や買収企業の調査およびその選抜が行われる段階である.具体的には,パートナーとのマッチングや評価,必須条件の取りまとめ,交渉や話し合いが検討される.ターゲット企業のスクリーニングでは,事業内容や企業規模,収益性や株主構成,企業経営と組織文化などを選定基準として,定性および定量分析によって絞り込むことが求められる.また,投資対象の適格性を把握するための調査活動を指すデュー・ディリジェンス(due diligence)は,以下のような3つのポイントについて事前の把握が必要である.

・ビジネス・デューディリジェンス

　ターゲット企業のマネジャーや社員の質,顧客や取引先,生産や販売・マーケティングの能力など,主に事業活動に対する課題の洗い出し.

・リーガル・デューディリジェンス

　ターゲット企業の株主,訴訟または係争問題の有無,労使間の紛争,特許など,主に法務活動に対する課題の洗い出し.

・ファイナンス・デューディリジェンス

　ターゲット企業の不良債権,不良在庫,資産の含み益と含み損,退職給付債務やリース債務など,主に財務活動に対する課題の洗い出し.

　一方,買収後段階である「統合」では,M&A後の統合に関する段階である.経営資源には,設備,建物といった有形資源とブランド,企業風土,組織文化などの無形資源があるが,とりわけ,買収後の統合で重要なのは,無形の経営資源における統合である.買収企業と被買収企業の統合では,有形資産の統合

は容易であるのに比べ，風土や文化そしてその本質である人間の統合は，そう簡単ではない．とりわけ，買収後，被買収企業側の人材が葛藤やストレスを抱えることが多く，経営統合の失敗を招く大きな原因となっている．経営統合を実現する有効な方策とは，統合を促進する部門およびその調整役であるゲートキーパー (gatekeeper) を設置すること，そして人事面や報酬面における適正かつ公平な処遇を行うことが求められる．

最後の「価値創造」では，M&Aの成果という果実に関する検証段階である．当初の買収目的と実際に得られた成果をつき合わせ評価が行われる．また，グループ価値の向上やその他事業との相乗効果も問われる．

M&Aが失敗に終わる主な原因について考えてみよう．買収候補の選定ミス，高すぎた買収価格，シナジー幻想，買収後の統合プロセス等が考えられるが，ここでもっとも注意しなければならないのは，アフターM&A，すなわち，買収後の統合問題である．ポーター (Porter, M. E., 1987) は，アメリカの代表的企業33社における1950年から1986年にかけた多角化戦略を調査したところ，M&Aは，多角化の有効な手段ではあるものの，買収後の撤退比率もかなり高いことから，最終的にM&Aの成功は難しいと主張した．ポーターは，新規参入の70%強が企業買収，22%が新会社設立，8%が合弁であることから，企業買収の重要性を主張する一方，新規事業のために買収した企業から撤退する割合は非常に高く，しかも，それは関連性のない事業の買収ほど撤退率は高まる事実をここで証明した．

ハスペスラフとジェミソン (Haspeslagh, C. and B. Jemison, 1991) は，買収を通じて2つの組織が戦略的に統合され，相互依存関係が深まったとき，価値創造が可能になる「戦略的相互依存の必要性」(need for strategic interdependence) と買収企業と強い関係を結ぶことで戦略能力が喪失するとき，むしろ自立させることで価値創造が実現できる「組織的自立の必要性」(need for organizational autonomy) の2つの尺度から，買収統合アプローチを4つのタイプに分類している．

図表 12－3　買収統合アプローチのタイプ

	戦略的相互依存の必要性	
	低	高
組織的自立の必要性　高	保存	共生
組織的自立の必要性　低	持株	吸収

出所）Haspeslagh and Jemison（1991）p. 145

　第1は，戦略的相互依存と組織的自立の必要性がともに低いセルに該当する持株（holding）である．

　第2は，買収された企業を買収した企業の内部に組み込む吸収（absorption）である．被買収企業の自立度は低い反面，買収企業との相互依存性が高いアプローチである．吸収統合アプローチは2つの企業の活動，組織，文化の完全な統合体を意味するものであり，比較的小規模な企業の買収に用いられる場合が多い．

　第3は，買収された企業の自立性を維持しながら統合する保存（preservation）である．

　買収企業との相互依存性は低い反面，被買収企業の自立度は高いアプローチであり，買収企業より被買収企業の方が知識・ノウハウを保有する場合や主に学習に主眼を置く買収手段として用いられる．

　第4は，「吸収」と「保存」を融合する共生（symbiosis）であり，買収された企業の自立性を維持しながら，同時に買収した企業に組み込み融合を図るものである．「共生」統合アプローチは，複雑な管理が要求されるため，もっとも高次なM&Aの統合プロセスとされ，マネジャーにとっては最も挑戦的な統合方法とされる．

図表12－4 取得株式と株主権限との関係

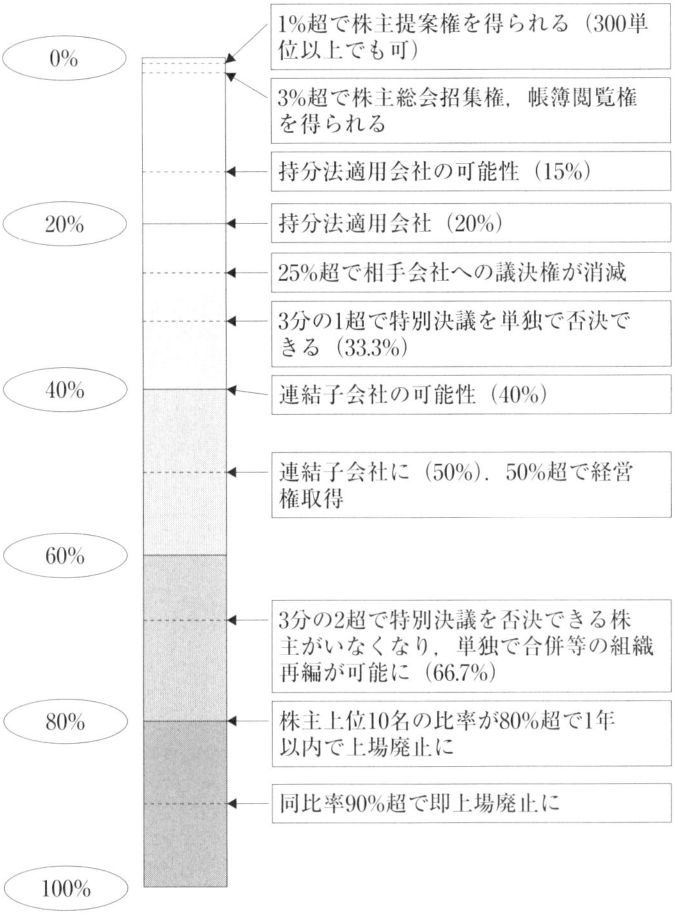

- 0%
  - 1%超で株主提案権を得られる（300単位以上でも可）
  - 3%超で株主総会招集権，帳簿閲覧権を得られる
  - 持分法適用会社の可能性（15%）
- 20%
  - 持分法適用会社（20%）
  - 25%超で相手会社への議決権が消滅
  - 3分の1超で特別決議を単独で否決できる（33.3%）
- 40%
  - 連結子会社の可能性（40%）
  - 連結子会社に（50%），50%超で経営権取得
- 60%
  - 3分の2超で特別決議を否決できる株主がいなくなり，単独で合併等の組織再編が可能に（66.7%）
- 80%
  - 株主上位10名の比率が80%超で1年以内で上場廃止に
  - 同比率90%超で即上場廃止に
- 100%

出所）永沢徹（2005：33）

4. M&A と株主権限

　被買収企業の株式（議決権）を何パーセント取得するかに応じて，株主としての権利は大きく異なる．図表12－4は，株式取得と株主権限との関係を表わしたものである．株主の権利について，株式取得の割合が低い方から順に説明すると，以下のようになる．

- 取得株式が1%超の場合，「株主提案権」が得られる（300単位以上でも可）．株主提案権とは，株主が株主総会の議案を提案する権利である．
- 取得株式が3%超の場合，「株主総会招集権」「帳簿閲覧権」が得られる．株主総会招集権とは，臨時で株主が株主総会の招集を求めることができる権利である．帳簿閲覧権とは，株主が帳簿書類の閲覧を求めることができる権利である．
- 取得株式が15%の場合，「持分法適用会社」の可能性がある．持分法とは，一定以上の株式（議決権）を保有する会社の損益を連結財務諸表に反映させる会計処理であり，持分法適用会社とは，持分法が適用される非連結子会社と関連会社のことである．
- 取得株式が20%の場合，「持分法適用会社」が適用される．
- 取得株式が25%超の場合，相手会社への「議決権」が消滅する．議決権とは，会社の経営や方針について議決する株主の権利である．
- 取得株式が33.3%（3分の1超）の場合，「特別決議」を単独で否決できる．特別決議とは，出席した株主の議決権3分の2以上の賛成により成立する決議である．
- 取得株式が40%超の場合，「連結子会社」の可能性がある．連結子会社とは，連結の範囲に含まれる子会社である．
- 取得株式が50%の場合，「連結子会社」になる．また，50%超で「経営権取得」が可能となる．
- 取得株式が66.7%（3分の2超）の場合，「特別決議」を否決できる株主がいなくなり，単独で合併等の組織再編が可能となる．
- 株主上位10名の比率が80%超の場合，1年以内で「上場廃止」となる．
- 同比率90%超の場合，即上場廃止となる．

株式取得と株主権限の関係をさらに詳しく理解するには，子会社，関連会社の範囲と持分法適用会社（関連会社，非連結子会社）について理解しておく必要がある．

子会社の範囲は，これまで「持株基準」に基づいて決定された．持株基準とは，50％以上の株式（議決権）を保有しているかどうかが連結の対象として判断基準となることである．ところが，持株基準は，客観的でわかりやすい基準である一方，本来，子会社である会社の持株比率を50％以下にして連結の対象から除外する「連結外し」という操作が可能となる．つまり，赤字や債務超過に陥った子会社を連結対象から外して経営成績をよくみせることが可能なのである．このような「持株基準」に伴う利益操作などを未然に防ぐため，「支配力基準」が導入された．「支配力基準」とは，子会社の株式（議決権）の所有が40％以上50％以下であっても，役員派遣や意思決定を実質的に支配している場合には連結の対象として認め，子会社であると判断するものであり，これにより「連結はずし」のような不正行為ができなくなった．

　一方，関連会社の範囲は，これまで20％以上の株式（議決権）を所有しているかどうかという「持株基準」であった．ところが，持株基準では，事実上，関連会社である会社の持株比率を意図的に20％以下として連結対象から除外する操作ができた．このため，親会社が処分したい不良な在庫や資産を関連会社に押し付けて経営業績をよくみせる「押し込み販売」という利益操作が可能であった．このような意図的な利益操作を回避するため「影響力基準」が導入された．これは，株式の所有が20％以下の関連会社でも，出資，人事，技術，財務および営業の方針決定に重要な影響を与えている場合，連結対象とするものであり，この導入によって「押し込み販売」のような不正行為は困難になった．

　最後に，持分法適用会社（関連会社，非連結子会社）について触れてみよう．通常，「子会社」はすべて連結対象となり，資産，負債，資本，売上などが親会社の連結財務諸表に反映される．一方，持分法適用会社は，出資比率に応じて関連会社，非連結子会社の利益を比例配分する「持分法」が適用されている．つまり，持分法適用会社の業績にその持株比率を加減算した金額を連結財務諸表に反映させるのである．

第12章 M&A戦略

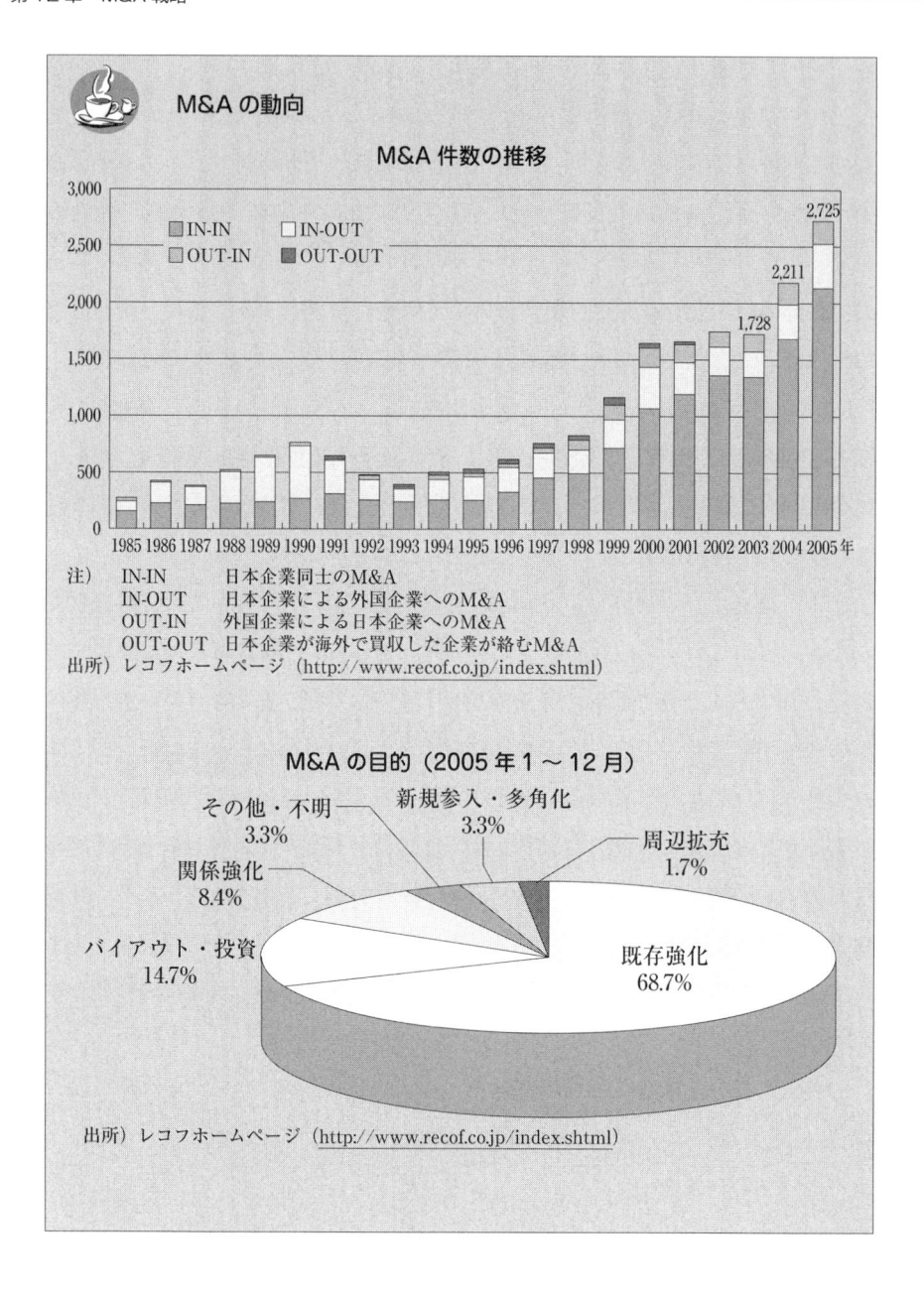

M&Aの動向

M&A件数の推移

注）
- IN-IN　　　日本企業同士のM&A
- IN-OUT　　日本企業による外国企業へのM&A
- OUT-IN　　外国企業による日本企業へのM&A
- OUT-OUT　日本企業が海外で買収した企業が絡むM&A

出所）レコフホームページ（http://www.recof.co.jp/index.shtml）

M&Aの目的（2005年1～12月）

- その他・不明 3.3%
- 新規参入・多角化 3.3%
- 周辺拡充 1.7%
- 関係強化 8.4%
- バイアウト・投資 14.7%
- 既存強化 68.7%

出所）レコフホームページ（http://www.recof.co.jp/index.shtml）

演・習・問・題

問1 M&Aの形態について説明しなさい．
問2 敵対的買収に対する防衛策について説明しなさい．
問3 デューディリジェンスについて説明しなさい．

参考文献

Collis, D. J. and C. A. Montgomery (1998) *Corporate Strategy: A Resource-Based Approach*, McGraw-Hill.（根来龍之・蛭田啓・久保亮一訳『資源ベースの経営戦略論』東洋経済新報社）

Haspeslagh, C. and B. Jemison (1991) *Managing Acquisitions: Creating Value Through Corporate Renewal*, The Free Press.

Porter, M. E. (1987) From Competitive Advantage to Corporate Strategy, *Harvard Business Review*, May-June, pp. 43-59.（「競争優位戦略から総合戦略へ」『ダイヤモンド・ハーバード・ビジネス』9月号，1987年）

前川南加子・野寺大輔・松下円 (2005)『M&Aの基本』日本経済新聞社

永沢徹 (2005)『大買収時代：あなたの人生が，会社が市場価値にさらされる』光文社

日経ビジネス「永守重信の人間改造力」2004年5月24日号，pp. 30-43

野村證券経営調査部 (2006)「2005年の日本企業に関連するM&Aの動向」Press Release

レコフ (http://www.recof.co.jp/index.shtml)

下田智・森永公紀 (1990)『X社を買収せよ』日本放送出版協会

《推薦図書》

1. 前川南加子・野寺大輔・松下円 (2005)『M&Aの基本』日本経済新聞社
   M&Aの基本について体系的にまとめた書．
2. Deans, G. K. and F. Kroeger (2004) *STRETCH!: How Great Companies Grow in Good Times and Bad*, John Wiley & Sons.（梅澤高明訳『ストレッチ・カンパニー』東洋経済新報社，2005年）
   企業価値の創造力の視点から優良企業の成長戦略について触れた書．
3. 日本経済新聞社 (2004)『日本電産　永守イズムの挑戦』日本経済新聞社
   これまで23社の買収を成功させてきた同社の戦略と永守氏の意識改革にせまった書．

第13章の要約

　本章では，規格を巡る標準化競争について説明する．1. の「デファクト・スタンダードとは何か」では，デファクトとデジュリという2つの標準化を比較し検討する．2. の「ネットワークの外部性」では，デファクト・スタンダードの効果を説明するため，ネットワークの外部性について説明する．3. の「ウィナー・テイク・オール（一人勝ち）」では，デファクト・スタンダードに勝利することで，一人勝ちという競争優位性を獲得できる．4. の「ベータ方式とVHS方式の争い」では，標準化を巡る競争の事例として，家庭用VTRのVHSとベータマックスの歴史的な戦いについて触れる．5. の「オープン戦略」では，コンピュータ業界におけるオープン戦略とクローズド戦略について言及する．

第13章　デファクト・スタンダード競争

1. デファクト・スタンダードとは何か

　近年のハイテク分野では，規格を巡る業界競争が激化している．古くは80年代に繰り広げられた家庭用VTRにおける日本ビクターとソニーの間で繰り広げられたVHS方式とベータマックス方式の争いや90年代におけるマイクロソフト（インテルを含むウィンテル）とアップルとの間で展開されたパソコンのオペレーションシステムを巡る規格競争が挙げられ，最近では，次世代DVD（デジタル多用途ディスク）の規格競争でソニー・松下電器産業などが提唱する「ブルーレイ・ディスク」と東芝などが提唱する「HD・DVD」がしのぎを削っている．

　一般に規格は，大きく2つに分類される．ひとつは，ISO，BIS，国際会計基準など，公の標準化機関が設定するような規格であり，もうひとつは，実際の市場競争において大勢から指示されるようになった規格である．公的な標準化機関による規格は，通称，デジュリ・スタンダード（de jure standard）とよばれ，その対象範囲は，国際標準，地域標準，国家標準，業界標準，企業内標準など多岐にわたる．一方，事実上の業界標準を意味する規格は，デファクト・スタンダード（de facto standard）とよばれている．

　デジュリ・スタンダードとデファクト・スタンダードを比較すると，つぎのように整理することができる（図表13-1）．「標準の決定者」は，デジュリ・スタンダードが公の標準化機関が決定するのに対し，デファクト・スタンダードは市場が標準を決定するという違いがある．「標準の正当性」は，デジュリ・スタンダードが公の標準化機関の権威であるのに対し，デファクト・スタンダードは，ユーザーの支持または選択の結果であるという違いがある．「標準化の動機」は，デジュリ・スタンダードが標準化しないと製品の機能が発揮できないのに対し，デファクト・スタンダードは標準化しないと不便だからという違いが挙げられる．「主な対象分野」は，デジュリ・スタンダードが他社

図表 13 − 1　デジュリ・スタンダードとデファクト・スタンダード

	デジュリ・スタンダード	デファクト・スタンダード
標準の決定者	標準化機関	市場
標準の正当性	標準化機関の権威	ユーザーの選択の結果
標準化の動機	標準化しないと製品の機能が発揮できない	標準化しないと不便
主な対象分野	他社とのやり取りが製品の本質機能である分野	他社とのやり取りを必要とする分野
標準化のカギ	・標準化機関の強制力 ・参加企業数 ・有力企業の参画	・市場導入期のシェア ・有力企業の参画 ・ファミリー企業数，ソフト数
標準化と製品化の順序	標準の決定　→　製品化	製品化　→　標準の決定

出所）山田英夫（1997：3）

とのやり取りが製品の本質機能である分野に対し，デファクト・スタンダードは他社とのやり取りを必要とする分野である違いがある．「標準化のカギ」は，デジュリ・スタンダードが公の標準化機関の強制力，参加企業数，有力企業の参画であるのに対し，デファクト・スタンダードは，市場導入期のマーケットシェア，有力企業の参画，ファミリー企業数，ソフト数という違いがある．「標準化と製品化の順序」は，デジュリ・スタンダードが標準の決定から製品化に進むのに対し，デファクト・スタンダードは，製品化が先で標準の決定へ進むという違いがある．

　デファクト・スタンダードの主な特徴について触れてみよう．第 1 に，企業間競争は製品ライフサイクルの導入期に激化することである．これまでの常識では，企業間競争はもっとも参入プレイヤーが多い成熟期の段階で活発化するものであった．というのも，リーダー企業に対抗するチャレンジャー企業の差別化戦略，フォロワー企業の模倣戦略が成熟期において頂点を迎えるからである．ところが，デファクト・スタンダード競争では，導入期の段階で命運が決してしまう．つまり，導入期の時点で規格競争に勝利する企業と敗れた企業が存在し，敗者となった企業は，企業間競争から即刻撤退や大きな負担を余儀なくされるのである．第 2 に，もっとも優れたイノベーション技術が規格標準と

は必ずしもなり得ないことである．通常，企業間競争に勝利するのは，その時点での最高の技術やイノベーションであることが多い．ところが，デファクト・スタンダード競争では，最高のイノベーション技術が規格になるとは限らない．規格の統一に向けて形成された企業グループのうち，たとえば，もっとも優れたイノベーション技術を有する中心的な企業が自己の利益を優先したり，あるいはその他の企業に対して閉鎖的な態度を取ることでグループ全体の囲い込みに失敗するケースはこれに該当する．第3に，ライバルとの連携が不可欠なことである．従来の企業間競争では，業界のリーダーを巡り激しい戦いが繰り広げられ，その地位を獲得した企業は，強いブランドを背景に市場を圧倒することができた．ところが，デファクト・スタンダード競争では，いくら秀でた企業でも，単独では競争優位を獲得できない．というのも，事実上，市場の大勢を占めるには，ライバルとの連携が必要なことに加え，仮に同一市場に複数の規格が存在した場合，互換性という顧客側の利便性が失われるという市場サイドの都合が挙げられる．最後にコア・コンピタンスの外販である．経営戦略論によると，企業の中核能力や見えない資産を指すコア・コンピタンスは，企業が長い時間をかけて蓄積した競争優位の源泉であり，ライバルに模倣されないため，通常，特許という手段を講じたり，あるいは因果関係を曖昧化したり，さらに社会的複雑性を高め，ブラック・ボックスにする配慮がなされている．そして，企業はコア・コンピタンスを武器に競争を展開している．これに対し，デファクト・スタンダード競争では，企業間で連携するため，コア・コンピタンスをブラック・ボックス化せず，ライバルたちへコア・コンピタンスを積極的に公開していくことが求められる．

　最近のデファクト・スタンダードを巡る変化として，コンソーシアム型標準が増加している．コンソーシアム型標準とは，市場における競争ステージの前に複数の企業が事前に協議を通じてひとつの規格標準を合意するやり方であり，いわば談合型標準といってもよい．コンソーシアム型標準が増加する主な理由とは，技術力や組織能力の面で他を圧倒する企業の存在が減少したため，規格

標準を一社で決めることがむずかしくなってきており，有力企業間の連携が不可欠となってきたことが挙げられる．また，万が一，規格競争で敗退した場合，負け組み陣営が支払う代償はあまりにも大きいことが挙げられる．たとえば，研究開発やマーケティングに投じた多大な費用は回収不可能となり，埋没原価（sunk cost）となってしまう．このため，市場に製品を出す前の導入期または開発段階において決着をつけようとする傾向が強まってきている．

最後にデファクト・スタンダードを獲得した規格の持続的な競争優位性は，未来永劫ではない．市場が成熟段階に突入しライバル企業との過当競争が激化するに連れ，デファクト・スタンダードがもたらすメリットや優位性は次第に失われるからであり，規格競争に勝利した企業は，このことを肝に銘じる必要がある．

2. ネットワークの外部性

デファクト・スタンダードがもたらす効果を説明するうえで，ネットワークの外部性という考え方は欠かせない概念である．ネットワークの外部性（network externality）は，経済学用語であり，ある製品やサービスの利用価値は，同じものが他にどれだけ多く使われているのかに依存する性質である．ネットワークに加入しているプレイヤーが増加するほど，他を圧倒したり，あるいは需要者の効用が高まることを意味するものである．

ネットワークの外部性の原理は，数式で表わすと$n(n-1)/2$という単純な公式で表現できる．具体的な例を挙げてみよう．ある電話会社の加入者が4人いたとするとき，通話できる回線はいったい何本になるだろうか．先ほどの公式に当てはめてみると，nは加入者なので公式は$4(4-1)/2 = 6$本となる．もし，新たな加入者が2人増えて6人となった場合，公式は$6(6-1)/2 = 15$本となり，加入者がわずか2人増えただけで回線数は2.5倍となる．さらに新たな加入者が10倍の40人となった場合，公式は$40(40-1)/2 = 780$本となり，回線数は当初の130倍となる（日経ビジネス，1995）．このように加入

図表 13-2 ネットワークの外部性

加入者が4人の場合　　　　　　　　加入者が6人の場合

$\dfrac{4(4-1)}{2}=6$　　　　　　　　$\dfrac{6(6-1)}{2}=15$

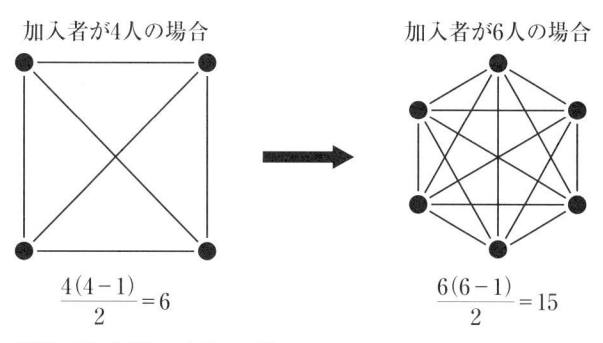

出所）日経ビジネス（1995：28）.

者が増えるごとに加入者を結ぶ回線数は増加するため，加入者はさまざまな接続と交換が可能となり利便性は高まる．また，加入者1人当たりが負担するネットワークコストも参加者の増加に伴い低減する．ネットワークの外部性とは，加入者が増えれば増えるほど，ネットワークの参加者たちの効用が増加する概念であるといえよう（図表13-2）．

3. ウィナー・テイク・オール（ひとり勝ち）

　電話，ファックス，Eメール，インターネットに共通するのは，あるひとりのユーザーにとっての製品価値は，その製品を利用するユーザーの総数により決定されることである．たとえば，電話は，ある特定の個人だけが所有していたとしてもなんら便益は生まれない．自分以外の複数の他人たちが所有することで製品の価値は生まれるのであり，電話のユーザーが増えれば増えるほど，自分が所有している電話という価値が向上するのである．このようなネットワークの参加者が増加すればするほど，得をするしくみや構造をネットワークの外部性またはネットワーク効果，あるいはポジティブ・フィードバック（positive feedback）とよんでいる．

　ポジティブ・フィードバックはプラスの効果を意味し，端的にいうと"強いものをさらに強くする"あるいは"成功が成功をもたらす"ことであるとも表

図表13-3 ひとり勝ち

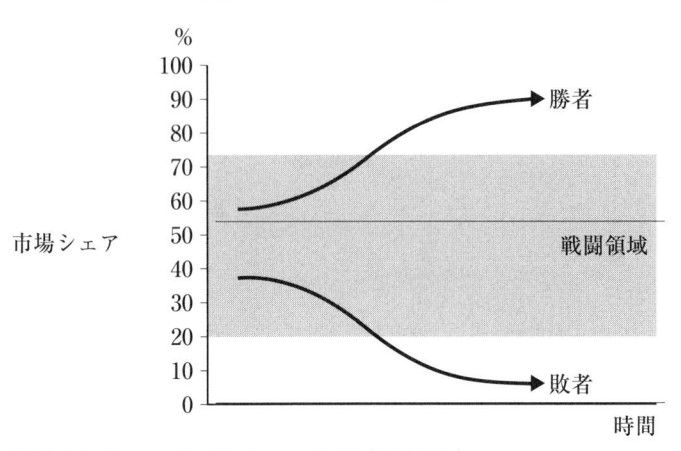

出所）Shapiro, C. and H. R. Varian，邦訳（1999：315）

現できるだろう．たとえば，マイクロソフトのウィンドウズとインテルのマイクロプロセッサを搭載したパソコンが増加すればするほど，ユーザーたちはウィンテルのシステムに強い魅力を感じる一方，ライバルのシステムはますます孤立してゆき，最終的にはユーザーから見放される．このような成功が成功をもたらし，強者がさらに強くなっていく（逆にいうと，失敗がさらなる失敗を生み出し，弱者はさらに弱くなっていく）現象は，"ひとり勝ち"（winner take all）ともよばれている．

図表13-3をみてもらいたい．最初の段階で60％の市場シェアを獲得した勝者の市場シェアは，その後90％まで拡大し，ほぼ市場を独占するに達しているのに対し，40％の市場シェアを獲得した敗者の市場シェアは，その後10％を切るまで落ち込み，もはや市場での地位は風前のともしびとなっている．かくして，勝者がすべてを獲得し，敗者は投じた資金が回収不能となり，撤退を余儀なくされるのである．

ひとり勝ちを納める規格や製品とは，ユーザーにとって必ずしも利便性や効用が高いものであるとは限らない．たとえば，今日，われわれが使用するパソ

コンのキーボード配列は，QWERTY配列によって標準化されている．しかしながら，その成り立ちや配列方式からみても，このQWERTY配列は非効率なものであるといわれている．このような非効率な配列方式が支配的なものとなった最大の理由とは，ある歴史的な偶然の出来事がその後にも大きな影響をもたらすという事実である．つまり，パソコンのキーボード配列の起源は，QWERTY配列を開発したレミントン社がタイプ学校を開校した際，QWERTY配列によって教育したことから普及し，その後，顧客の囲い込み（ロックイン）やネットワークの外部性が働き，事実上の標準となった経緯がある．

4. ベータ方式とVHS方式の争い

デファクト・スタンダード競争が顕在化した代表的な事例として，家庭用VTRを巡るVHSとベータマックスの争いについて触れてみよう（この様子は，NHKのプロジェクトXにも取り上げられ，映画もまた製作された）．

1975年，当時家電業界で第1位のソニーは，他社に先駆けて「ベータマックス」を発売した．ベータマックスは，記録時間が1時間と短いものの，カセットサイズが小さく画像に優れていた．1976年，当時の家電業界で第8位であった日本ビクターは，ベータに対抗する「VHS」を発売した．VHSは，記録時間が2時間とベータの倍の時間であり，部品点数も少ないことからコストが安かった．

当初，家庭用VTR市場では，ベータがVHSに大きく水を空けていた．76年時点における市場シェアはベータ約60%に対しVHS約30%であった．ところが，80年代に入ると，ベータよりもVHSのシェアが次第に高くなるようになった．80年はベータ約35%に対しVHS約60%，85年はベータ約10%に対しVHS約90%とマーケットシェアは大きく逆転した．この競争逆転の背景には，つぎのような理由が隠されている．ひとつは，家庭用VTRでは，録画時間への対応が競争優位のカギを握ることである．当時のテレビは，スポーツや映画など2時間番組が普及していたことから，最低でも2時間録画のできる

VTRが求められた．このため，ベータがどんなに画像技術に優れていたとしても，1時間しか録画できなければユーザーの取り込みはむずかしい．その後のベータとVHSの戦いは，録画時間の延長で競い合うようになった．77年，ベータが2時間録画となればVHSは4時間録画となり，ベータが4.5時間となればVHSは8時間録画という具合である．

　ベータとVHSを巡る争いに，VHSが勝利したもうひとつの理由として，ベータ陣営とVHS陣営に対するソニーと日本ビクターの囲い込みが挙げられる．ベータとVHSの争いが明るみに出て以来，東芝，三洋電機，NEC，アイワ，パイオニアなどの企業はベータを支持する陣営に加わる一方，松下電器産業，日立製作所，三菱電機，シャープ，赤井電機等の企業はVHS規格の連合に参加したが，ここでソニーと日本ビクターが採用したそれぞれの戦略は大きく異なっていた．ソニーの採用した戦略は，製品や技術に絶対的な自信があった．このため，自社の規格や技術を公開しないという閉鎖的な対応を取った．つまり，強者ゆえにコア・コンピタンスのブラック・ボックス化に努めた結果，ソニーは，自分を支持した企業群の囲い込みに失敗した．一方，日本ビクターは自社技術の詰まった試作機の提供を通じて，VHSに関する技術情報を無償で公開した結果，フロントローディング技術はシャープ，映像技術は三菱電機，IC技術は日立製作所，オーディオHiFi技術は松下電器など，VHS陣営の企業もそれぞれがもつ独自技術やノウハウを積極的に公開しVTRの完成度を高めていった．かくして，日本ビクターとVHS陣営は，VHSの業界標準化を達成したのである．

5. オープン戦略

　ネットワーク時代の経営戦略として，オープン戦略が注目されている．インテルやマイクロソフトは，今日のコンピュータ業界においてオープン戦略を採用し，圧倒的な業界標準を勝ち得たともいわれている．オープン戦略の特徴は，下記のように整理される．

① 徹底的に自社が得意とする経営資源を集中し競争力のある自社製品を開発する．
② 不特定多数の顧客に自社製品を採用してもらうため，標準インターフェイスを採用する．
③ 自社製品の競争力を高め業界標準の地位を獲得する．

一方，オープン戦略に対抗するのは，クローズド戦略である．クローズド戦略の特徴も下記のようにまとめられる．

① フルラインの自社ブランド製品を開発する．
② 製品の中核となる機械から周辺機器を連結するインターフェイスを独自化する．
③ 顧客を囲い込み，他社製品へ転換するスイッチングコストを高める．

オープン戦略とクローズド戦略をよく知るため，ここではコンピュータ業界における企業戦略を取り上げてみよう．図表13 - 4は国領（1999）が示したモデルである．

コンピュータ業界において，クローズド戦略とは，いわば市場Bという一

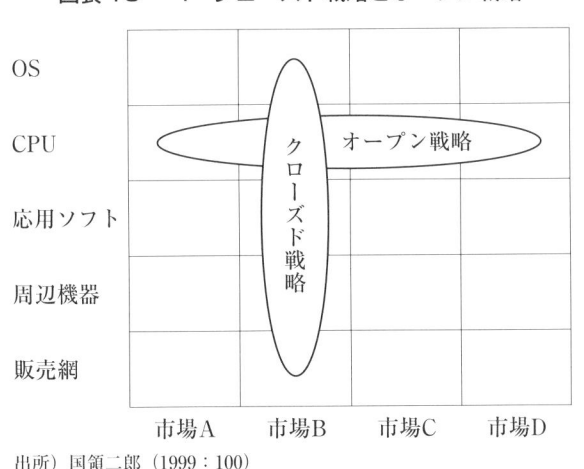

図表13 - 4 クローズド戦略とオープン戦略

	市場A	市場B	市場C	市場D
OS				
CPU		オープン戦略		
応用ソフト		クローズド戦略		
周辺機器				
販売網				

出所）国領二郎（1999：100）

部の顧客のニーズを満たす戦略である．つまり，OS（オペレーションシステム）やCPU（中央演算装置）など，各機能をすべて自社製品でラインアップすることで市場Bの顧客たちを囲い込むやり方である．このような顧客の囲い込みで成功を収めた企業としてIBMが挙げられる．IBMでは，かつてシステム全体を一括して供給するクローズド戦略によって当該市場における競争優位性を勝ち取った．ところが，時代が顧客の囲い込みからデファクト・スタンダードを巡る競争に変化するにつれ，IBMのやり方は次第にそぐわなくなり，その地位は著しく低下した結果，中国のLenovo（聯想集団）へPC事業を売却してしまった．

これに対し，オープン戦略は，インターフェイスを標準化することで，一部の機能についてすべての顧客のニーズを満たす戦略である．たとえば，今日のコンピュータ業界では，パソコンを動かすCPU装置は，インテル製のものがほとんどのパソコンメーカーに採用され，また，パソコンのソフトを動かすOSについても，マイクロソフトのウインドウズがあらゆるパソコンメーカーに採用されている．この結果，インテルとマイクロソフトはOSとCPUの分野でグローバルな業界標準を確立し，その圧倒的な競争優位性は今日"ウインテル"とも命名される．

演・習・問・題

問1　デファクト・スタンダードとは何か説明しなさい．
問2　ネットワークの外部性について説明しなさい．
問3　オープン戦略について述べなさい．

参 考 文 献

Shapiro, C. and H. R. Varian（1999）*Information Rules : A Strategic Guide to the Network Economy*, Harvard Business School Press.（千本倖生・宮本喜一訳『「ネットワーク経済」の法則』IDGジャパン，1999年）

国領二郎（1999）『オープン・アーキテクチャー戦略』ダイヤモンド社
日経ビジネス「デファクトを獲れ」10月16日号，1995年，pp. 22-41.
新宅純二郎・許斐義信・柴田高（2000）『デファクト・スタンダードの本質』有斐閣
山田英夫（1997）『デファクト・スタンダード』日本経済新聞社

―――《推薦図書》―――

1. 山田英夫（1997）『デファクト・スタンダード』日本経済新聞社
    デファクト・スタンダードを体系的にまとめた好書.
2. 国領二郎（1999）『オープン・アーキテクチャー戦略』ダイヤモンド社
    クローズド戦略の問題点を指摘しながら，オープン戦略の重要性を指摘した書.
3. Shapiro, C. and H. R. Varian (1999) *Information Rules: A Strategic Guide to the Network Economy*, Harvard Business School Press.（千本倖生・宮本喜一訳『「ネットワーク経済」の法則』IDG ジャパン，1999年）
    映画，音楽，ソフトウェアのような製品をテーマにネットワーク経済学について触れた書.

索　引

あ行

ISO　201
IBM　97
アイワ　208
赤井電機　20
アーキテクチャー　55
アーキテクチュアル・イノベーション　139
アクティブ・インベスター　10
アグレッシブ・ディマンダー　174
アーサー・アンダーセン　83
味の素　124
アーンスト, D.　124
アップサイド・バイアス　105
アップル　201
アーデント・コントリビューター　174
アドプター　30
アナジー　49
アフター M&A　193
ROA　109
アルバート・タッカー　179
暗黙知　136
暗黙的知識　161
委員会等設置会社　81
育児　112
1次サプライヤー　62
一貫性　94
5つの競争要因　169
移転型知識　136
移転性　136
移動型知識　161
イノベーション　33
　　──・プロセス　58
イノベーター　30
インクリメンタル・イノベーション　35
インストールベース　65
インターナル・サービス　15
インタンジブル資源　123
インテグラル　55
インテル　176
ウィキストロム, S.　156
ウインテル　176
受け皿　43
埋込型知識　136
営業譲渡　188
影響力基準　197
HD・DVD　201
エクセレントカンパニー　94
SED　169
n(n－1)／2　204
NEC　208
NTT　158

ABB　30
遠心力と求心力のバランス　19
エンロン　83
OS　210
公の標準化機関　201
押し込み販売　197
オスカー・モルゲンシュテルン　179
オーディオ HiFi 技術　208
オーハシテクニカ　130
オープン戦略　208
オープン・モジュラー　55
オーマン, R.　180
オペレーションシステム　201
オペレーションソフト　176
親会社ベストシンドローム　36
親業　112
親性　11
親のメンタル・マップ　110

か行

海外子会社　36
会計監査人　80
解釈　155
会社分割　188
会社分割制度　186
階層型組織　159
買い手の交渉力　169
外部ネットワーク　131
学習棄却　161
学習システム　152
学習シナジー　159
学習する組織　156
学習的協力　130
学習の感受性　161
学習のための学習　154
学習の不均衡性　160
学習モード　157
学習レース　123
囲い込み型経営　57
カシオ　144
過剰なシナジー　105
画像技術　208
価値創造　193
価値連鎖　174
合併　186
家庭用 VTR　201
株式移転　188
株式交換　188
株式交換・株式移転制度　186
株式時価総額　69
株式取得　188
株式提案権　196

索　引

株式買収　188
株主価値　69
株主総会　79
株主総会招集権　196
株主代表訴訟　84
CADシステム　142
河合隼雄　112
為替損益　126
関係会社管理　3
関係焦点化能力　129
関係性　170, 171
　　──組み替え能力　130
　　──のマネジメント　129
　　──マーケティング　170
関係戦略　170
関係特殊化資産　172
関係優位性　171
監査委員会　81
監査役　80
　　──設置会社　79, 81
緩衝器　43
間接金融　186
監督是正権　77
管理シナジー　48
関連多角化型　88
　　──のグループ経営　45
キーデバイス　62
キーボード配列　207
規格間競争　122
規格競争　201
機関投資家　84
企業家推進力　33
企業価値　43, 69
企業間ネットワーク　7
企業間競争　202
企業内協力　170
企業内標準　201
議決権　77, 196
議決権行使　84
企業間協力　170
技術供与　126
技術仕様　136
既存企業との敵対関係　169
希薄なシナジー　106
基本的事項　79
キャッシュ・フロー　69
キヤノン　65
キャピタル・ゲイン　43
キャピタルロス　126
吸収合併　187
求心力と遠心力のバランス　89
共益権　77
業界標準　201
　　──型　55
供給業者の交渉力　169
供給者　175

競合他社　5
共生　194
業績評価基準　14
業績連動型　90
競争　173
　　──戦略　169
協争　173
　　──戦略　181
競争相手　175
競争的協力　130
共同学習　160
共力作用　47
協力　173
　　──戦略　170
キリング，R.　159
金庫株　186
組み合わせ型　55, 57
　　──グループ経営　59
クラウン・ジェル　191
グラント，M. R.　140
グリーン・メイル　191
グループ・インセンティブ　91
グループ価値　70
グループ・コストダウン　45
グループ人材　15
グループドメイン　9
グループ戦略策定機能　18
グループ・ナレッジシェアリング　46
グループ・ネットワーク　6
グループビジョン　8
グループ・ブランディング　46
グループブランド　71
グループ・プレミアム　42
グループ・マネジメント　7
グループミッション　13
グループルーティン　139
クローズド・インテグラル　55
クローズド戦略　209
グローバル・イノベーション　35
グローバル・グループ経営　7, 28
グローバル企業　26
クロッサン　154
QWERTY配列　207
計画　192
形式知　136
形式的知識　161
ケイパビリティ　138
契約関係の結節点　77
系列　62
系列関係　158
ゲートキーパー　193
ゲーム理論　179
ゲスト・エンジニア制度　62
現地活用型イノベーション　34
コア・コンピタンス　74, 138
コア能力　127

214

コア・リジディティ　141
合意形成のプロセス　14
効果的なガバナンス・プロセスの確立　172
貢献者　29
高次学習　153
交渉力の共同　104
合弁会社　131
合弁企業　132
コーペティション　173
コーポレート・センター　110
コーポレートガバナンス　76
コーポレートブランド　19, 71
コーポレート本社　110
ゴールデン・パラシュート　191
互換性のある部品　56
顧客　175
　　――の囲い込み　173, 207
国際会計基準　201
国際標準　201
互恵性構築能力　130
ゴシャール, S.　29
個人の学習　151
国家標準　201
コーポレート戦略チーム　185
コミットメント　138
コングロマリット　10, 42
　　――型　88
　　――・ディスカウント　5
コンソーシアム型標準　203
コンテクスト　160
コントロール　90
　　――メカニズム　27
コンパック　128
コンビネティブ能力　146
コンフリクト　159

さ行

最適なシナジー　106
財務統制型　108
サイモン　93
サイレント・インプリメンター　174
サプライヤーシステム　62
3Q6S　189
産業構造　171
産業再生法改正　186
三協精機　189
3次サプライヤー　62
三大精神の厳守　190
参入戦略　125
三洋電機　208
残余財産分配請求権　77
GE　9, 45
シェアードサービス　15
自益権　77
時価価値　43
ジェミソン, B.　193

シェリング, T.　180
時間のジレンマ　146
事業部関係会社混合制　16
事業部制　89
事業持株会社　89
資金制度　90
資源ベース　171
自己中心的　181
資産譲渡　188
事実上の業界標準　201
市場コンテクスト　27
シスコシステム　127
次世代DVD　201
持続的競争優位性　7, 137
シチズン　128
実行　192
実行者　29
執行役　82
自動車産業　143
シナジー　47
　　――追求　36
　　――トラップ　49
　　――の罠　104
　　――・バイアス　104
　　――バイアス　49
支配力基準　197
CPU　129, 210
資本参加　188
資本の論理　185
指名委員会　81
シャイン　93
社外監査役　80
社会的責任投資　84
社会的複雑性　203
蛇の目ミシン　190
シャープ　128, 144
集合的知識　139
終身雇用制　158
囚人のジレンマ　179
集中型イノベーション　34
重要財産委員会　81
主観的な知識　136
純粋持株会社　16, 89
常勤監査役　80
上場廃止　196
使用による学習　137
情報的相互作用　132
消耗品ビジネス　65
所有と経営の分離　79
ジョンソン・アンド・ジョンソン　34
ジレット　65
シン, H.　170
新会計基準　42
新株予約権・種類株　186
新規参入者の脅威　169
新設合併　187

索　引

信念　136
新ビジネスの創造　104
人本主義　61, 185
垂直統合　104
垂直的なネットワーク　62
スイッチングコスト　209
数学的表現　136
スキル・バイアス　105
ステークホルダー　71
ストックオプション　99
ストラテジック・インディペンデント　30
住友スリーエム　32
摺り合わせ　55
スローガン　96
成果主義　90
整合性　94
生産シナジー　48
政治力学　141
制度　155
製品ライフサイクル　202
製品リンク　161
世界結合型イノベーション　34
設計思想　55
セブン＆アイ・ホールディングス　185
ゼロサム・ゲーム　169
戦術的　121
センター・オブ・エクセレンス　25
全体最適　49
専門的知識　139
戦略計画型　106
戦略子会社　25
戦略的　121
　──意図　121
　──資源　74
　──重要性　162
　──相互依存の必要性　193
　──リーダー　29
　──ローテーション　143
戦略統制型　107
戦略の調整　104
戦略は組織に従う　16
戦略リーダー　25
相関係数　72
創業経営者　78
総合売上成長率　109
相互活動的効果　159
相互作用　49
相互特殊化資産の構築と管理　172
相互パラダイム　151
相互マイナス効果　49
相乗効果　47
相助作用　47
相補効果　47
ソーシャル・キャピタル　97
組織階層　153
組織学習　152

組織間学習　156
組織間関係　156, 170
組織的自立の必要性　193
組織内ネットワーク　131, 132
組織能力　27
組織の学習　151
ソニー　201
ソニー・コンピュータ・エンタテイメント　11

た行

ダイアー, J. H.　170
代替製品（サービス）の圧力　169
大学の価値相関図　177
貸借対照表　69
代表執行役　82
代表取締役　80
多角化企業　110
竹内弘高　139
他社中心的　181
多重利用　49
タスクフォース　132
談合型標準　203
タンジブル資源　123
単純性　94
地域標準　201
蓄積　57
蓄積型グループ経営　61
知識　136
知識共有ルーチンの創造　171
知識統合　139
知識の効率性　140
知識の柔軟性　140
知識の範囲　140
知識プラットフォーム　146
知識リンク　161
知識連鎖　161
チャレンジャー企業　163
長期関係性　145
長期志向性　160
長期性　94
超小型演算処理装置　176
帳簿閲覧権　196
直接金融　186
直感　155
DRAM　120
TI　128
ディール　191
TOB　185, 190
提携関係の時間軸　163
提携ネットワーク　132
低次学習　153
定性的指標　14
定量的な指標　14
敵対的買収　43, 190
デコラティブ・フィルム　32
デジュリ・スタンダード　201

216

デファクト・スタンダード　201
デュー・ディリジェンス　192
デュポン　131
デル・コンピュータ　10
伝説　96
統合　155, 192
　　──のジレンマ　146
同時多重利用　74
東芝　12, 120, 208
投資シナジー　48
東レ　131
トーマス・エジソン　60
特別決議　196
特許知識　140
独禁法改正　186
トヨタ自動車　20
ドライビングフォース　151
ドラッカー, P. F.　96
トランスナショナル企業　34
取締役会　80

な行

内部告発　84
ナッシュ, J.　179
ナッシュ均衡　180
ナンバーワン・ナンバーツウ・ポリシー　60
2次サプライヤー　62
日本航空　176
日本航空機開発協会　121
日本電気　120
日本電産　189
日本ビクター　201
認知的不協和の理論　92
ネイルバフ, B. J.　174
ネットワーク　204
　　・キャプテン　174
　　──効果　204
　　──コスト　205
　　──シナジー　29
　　──の外部性　204
　　・マネジメント　6
ノイマン, J. V.　179
ノウハウの共有　103
know-whyの知識　136, 137
ノキア　10
ノース・アメリカン・バンク　141
ノードストローム　96
乗っ取り屋　43
野中郁次郎　139
ノベル　173
ノルマン, R.　156

は行

パイオニア　208
買収　186, 188
　　──企業　189

──後段階　192
──前段階　192
──統合アプローチ　193
ハスペスラフ, C.　193
パダラッコ, J.　158
バーチャル組織　9
パックマン・ディフェンス　191
パートナリング　114
場の倫理　113
ハメル, G.　124
バリュー・スター　156
バリューチェーン型グループ経営　63
バリューネット　175
ハルサーニ, J.　179
バーレット, C. A.　29
範囲の経済性　74
範囲のジレンマ　146
販売シナジー　48
BIS　201
補完効果　47
非関連多角化型のグループ経営　45
非協力ゲーム　180
ビジネス・デューディリジェンス　192
ビジネス・ポートフォリオ　50
ビジネスユニット　107
ビジョナリーカンパニー　94
非対称的提携関係　130
ひとり勝ち　206
被買収企業　189
ヒューレット・パッカード　97
標準化と製品化の順序　202
標準化のカギ　202
標準化の動機　201
標準の決定者　201
標準の正当性　201
ファイナンス・デューディリジェンス　192
歩合制　90
フィードバック　155
フィードフォワード　155
フィールド・マニュアル　56
VHS方式　201
垂直統合型　88
フィリップス　128
ブーイック, V.　162
フーバー, P.　154
フォロワー企業　202
負債時価　69
富士通　36, 120
富士ゼロックス　27
父性原理　112
　　──優位　114
プラスサム・ゲーム　170
ブラック・ボックス　203
ブラックホール　29
フラット・パネル・ディスプレイ　128
ブランデンバーガー, A. M.　174

索　引

ブランド　124
ブランド・ネーム　46
ブランド価値　69
ブランド拡張　46
フリー・ライダー　88
古河グループ　114
ブルサック, L. とコーエン, D.　97
ブルーレイ・ディスク　201
ブレーキ, J.　124
プロダクト・ポートフォリオ・マネジメント　60
プロダクトスペシャリスト　30
プロダクトマネジャー制度　143
フロントローディング技術　208
分権と集権のジレンマ　13
分散型イノベーション　34
ペアレンティング　21, 110, 112
　──・バイアス　104
ペアレント・プレミアム　42
ベータマックス方式　201
ベスト・プラクティス　103
ベリー, C.　125
ベルノア　143
ポイズン・ピル　191
報酬委員会　81
報酬制度　90
法的擬制　77
ボーイング　142
ポーラスフィルム　32
補完財　176
補完的生産者　175
補完的パートナーの選択　171
ポジショニング・アプローチ　138
ポジティブ・フィードバック　205
母性原理　112
保存　194
ホフシュティード　95
ホワイト・ナイト　190
本社　21
　──戦略　106

ま行

マーケティングサテライト　30
マイクロソフト　176, 201
埋没原価　204
松下グループ　10
マニュアル　136
マルチセンター　26
マルチビジネス　110
戦略的資源　74
見える資源の共有　103
密着型知識　161
3つの基本戦略　174
三菱重工業　121
ミニチュアレプリカ　29
ミネベア　190
民事再生法　186

ミンツバーグ, H.　95
メタ学習　154
メリル・フラッドとメルビン・ドレッシャー　179
メルクマール　145
モジュラー　55
持ち株　194
持株会社解禁　186
持分法　196
　──適用会社　196
モトローラ　123
モニタリング　19
物語　96
模倣戦略　202
模倣の困難性　138

や行

友好的買収　189
寄せ集め　55

ら行

ラインハルト・ゼンデン　179
ラショナライズ・マニファクチャラー　30
ラップトップ・コンピュータ　128
ラパシィ, D.　143
ランド研究所　179
リーガル・デューディリジェンス　199
リーダー企業　163
利益配当請求権　77
リエンジニアリング　158
利害関係者　71
リスクシェアリング　124
理念　94
　──の共有　93
リバースエンジニアリング　140
リレーションシップ・マネジメント　170
ルースカプリング　143
ルール追従者　144
ルールメーカー　144
レイ・ノーダ　173
Lenovo（聯想集団）　210
連結キャッシュ・フロー　70
連結決算制度　36
連結子会社　196
連結事業部制　16
連結対象外の子会社　6
連結対象子会社　6
連結納税制度　184
連結外し　197
録画時間　207
ロバーツ　125
ローワーレベル　153

わ行

ワイク, K. E.　93
ワトソン　97

編著者紹介

松崎　和久（まつざき　かずひさ）
　高千穂大学経営学部教授
　明治大学大学院博士前期課程修了
　経営戦略論・国際経営論専攻
　『トライアド経営の論理』同文舘，2005年
　『日本企業のグループ経営と学習』(編著)同文舘，2004年
　『グローカル経営』(共著)同文舘，2004年
　『経営学の新展開』ミネルヴァ書房，2003年
　『経営学の多角的視座』(編著)創成社，2002年

マネジメント基本全集4　戦略提携（アライアンス）
　　　　　　　　　　　　グループ経営と連携戦略

2006年4月10日　第一版第一刷発行

　　　　　編著者　松　崎　和　久
　　　　　監修者　根　本　　　孝
　　　　　　　　　茂　垣　広　志
　　　　　発行者　田　中　千津子

　　　発行所　株式会社　学　文　社

　　　〒153-0064　東京都目黒区下目黒3-6-1
　　　　　　電話(3715)1501代・振替00130-9-98842

（落丁・乱丁の場合は本社でお取替します）　・検印省略
（定価はカバーに表示してあります）　印刷/新灯印刷株式会社
　©2006　Matsuzaki Kazuhisa Printed in Japan　ISBN4-7620-1489-3